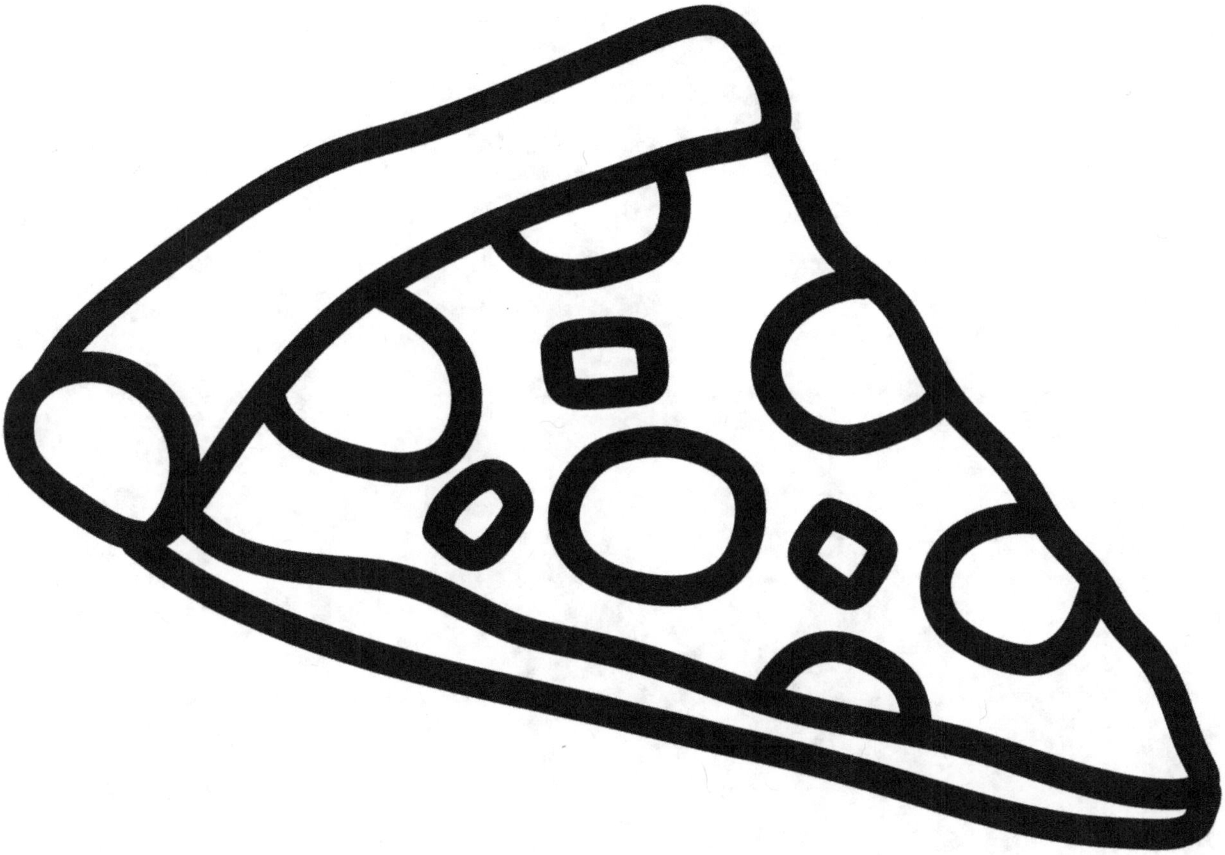

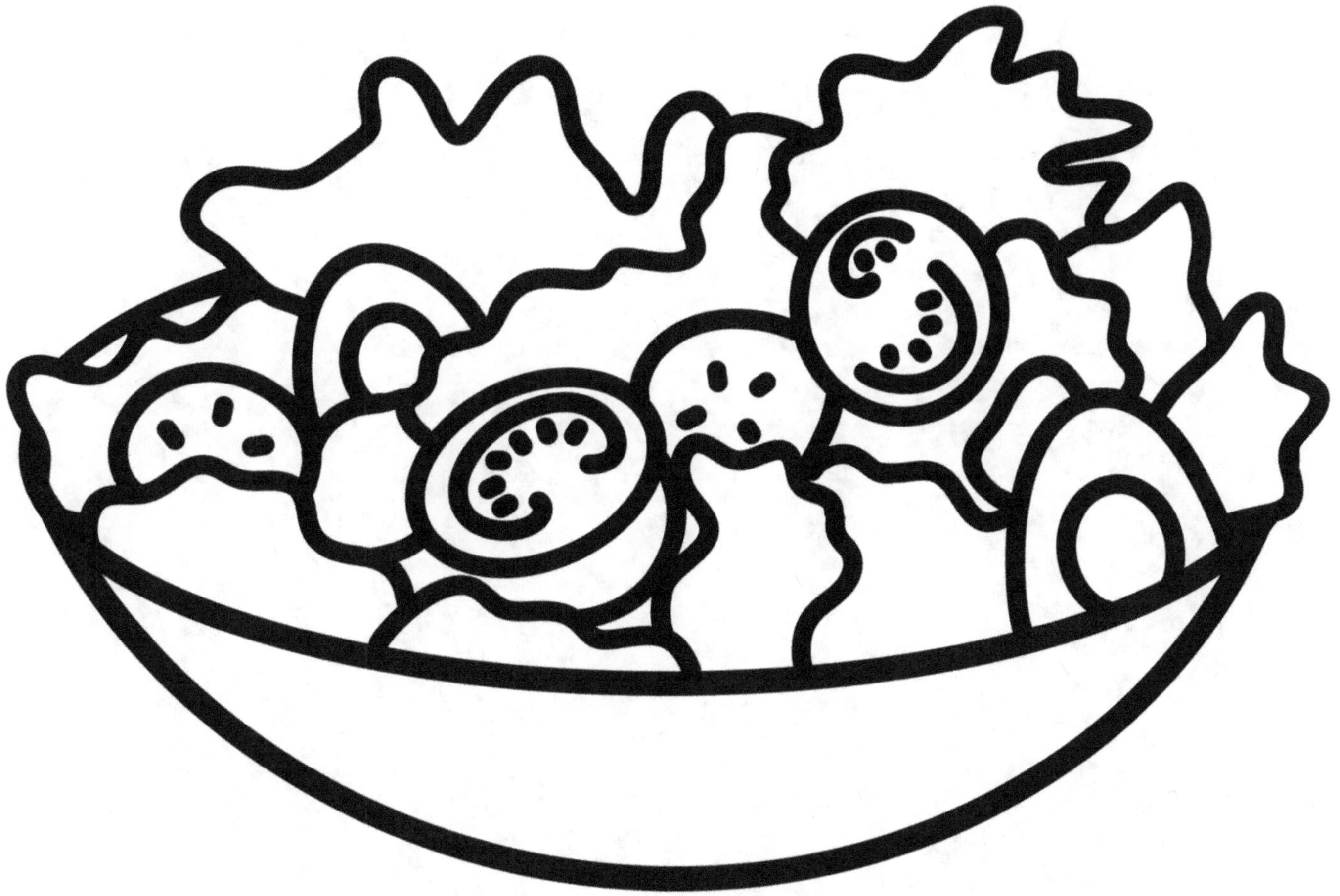

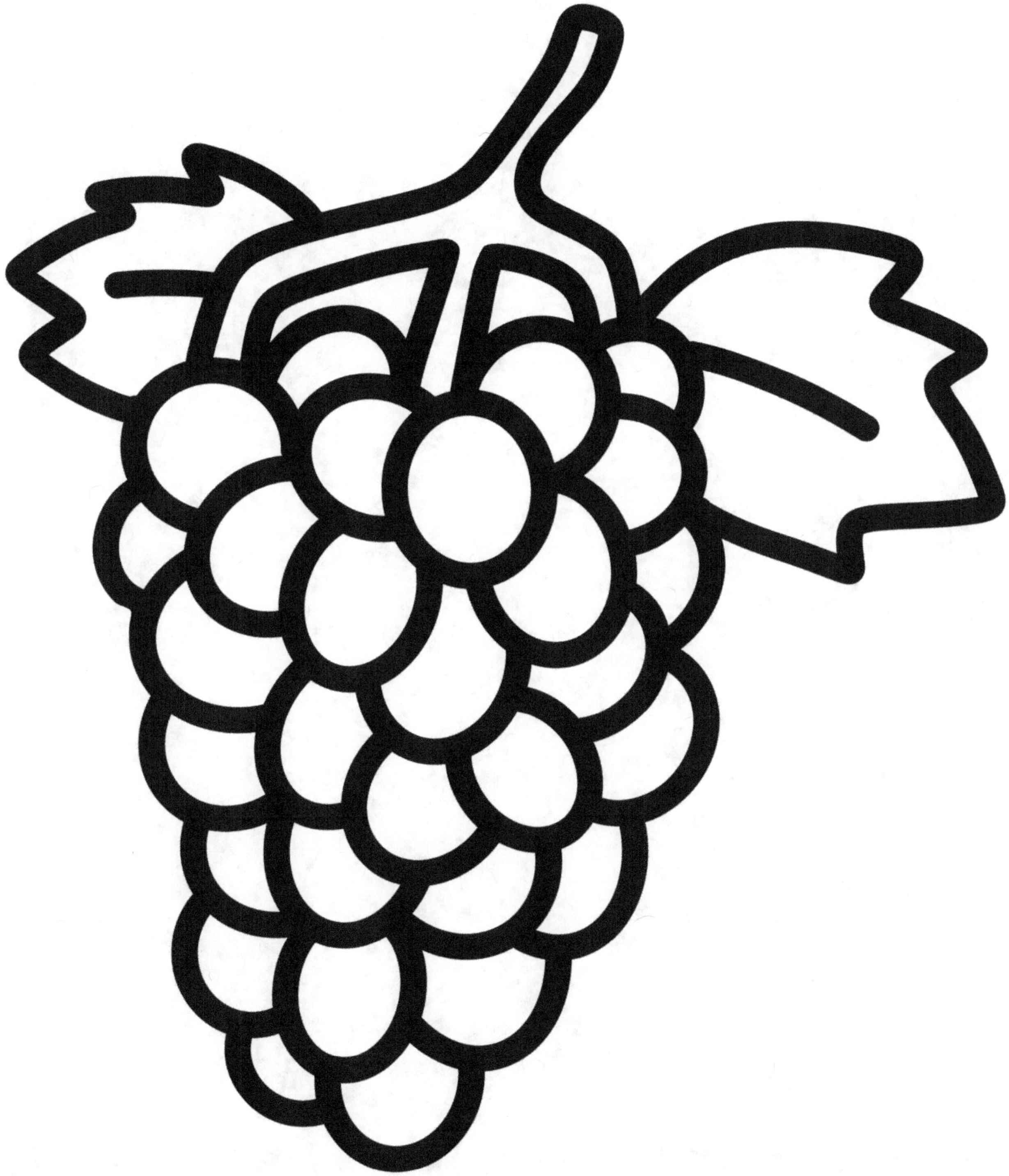

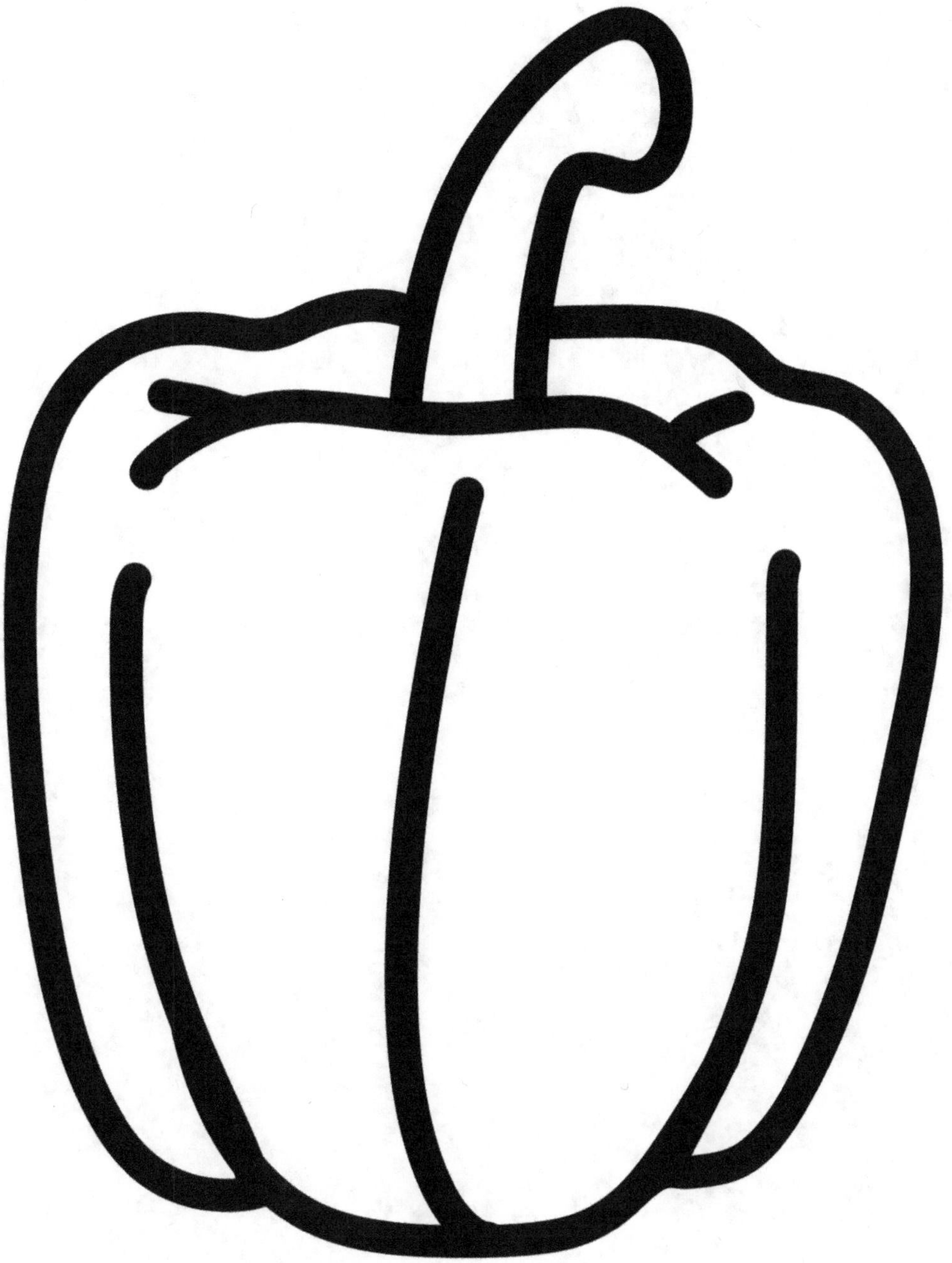

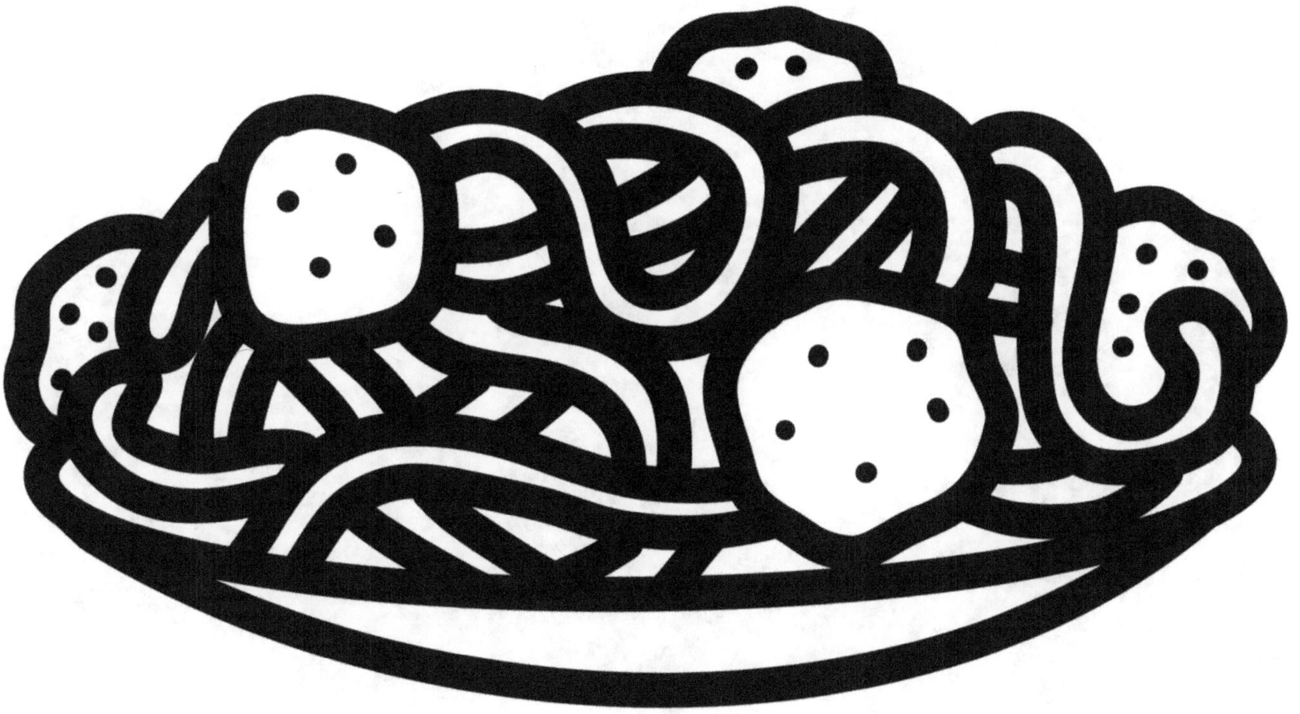

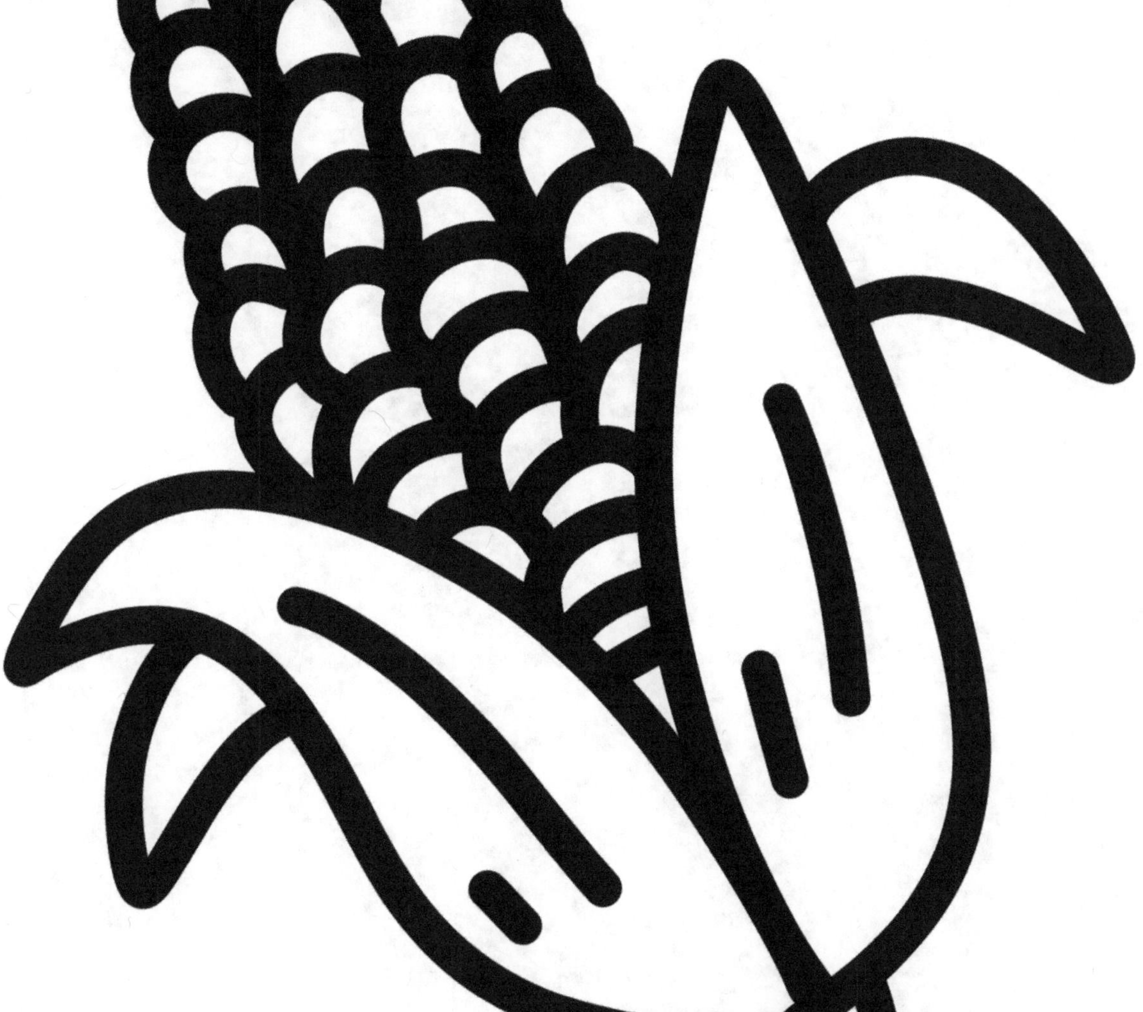

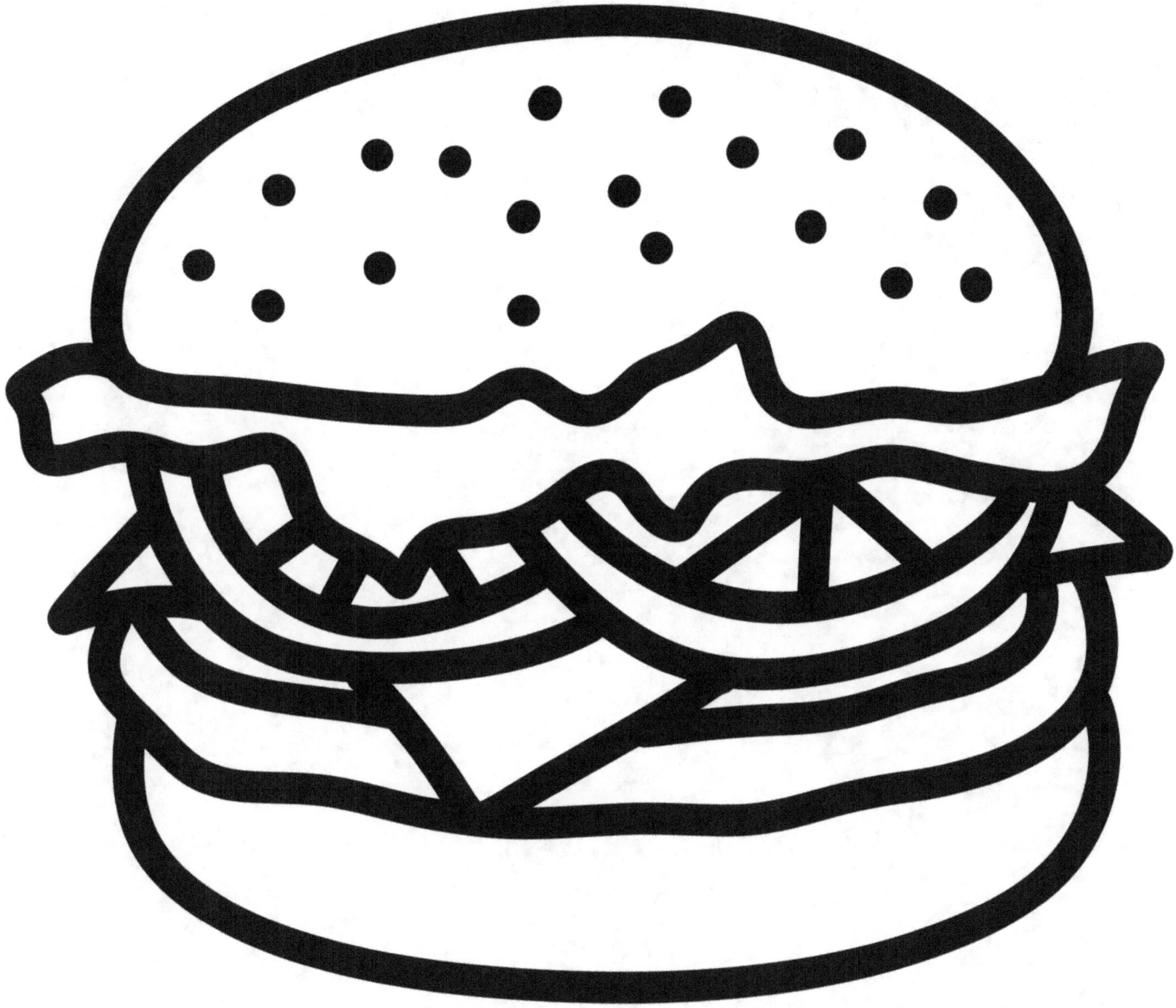

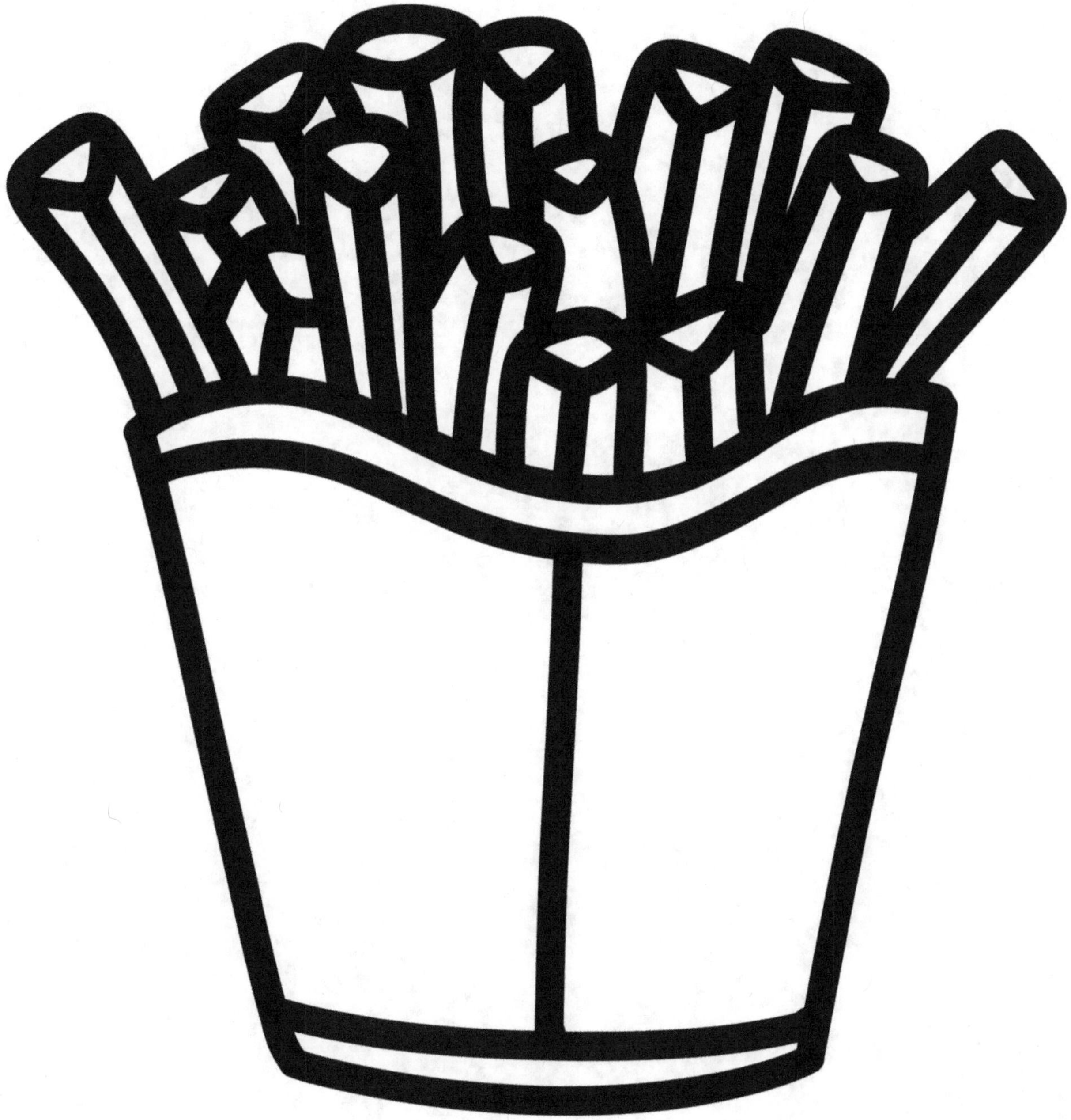

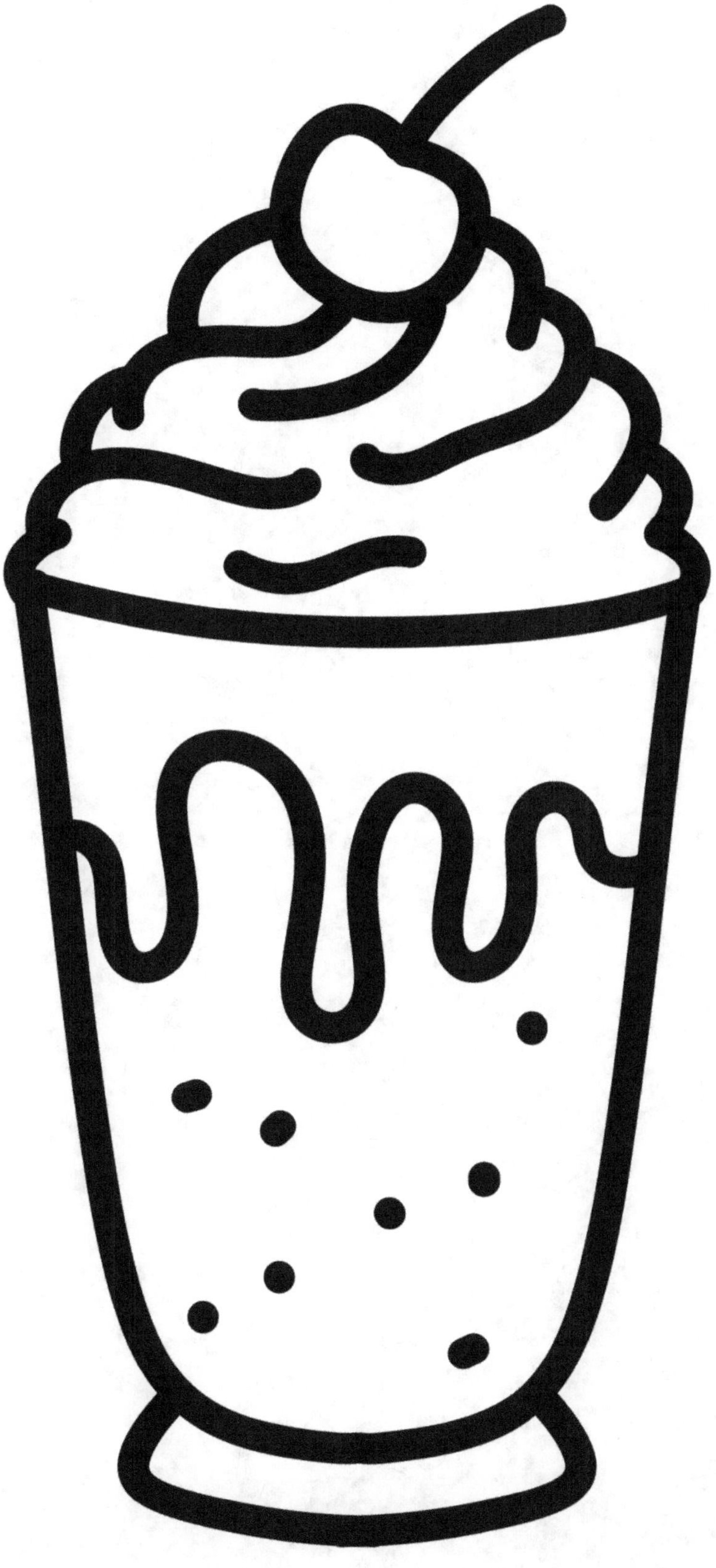

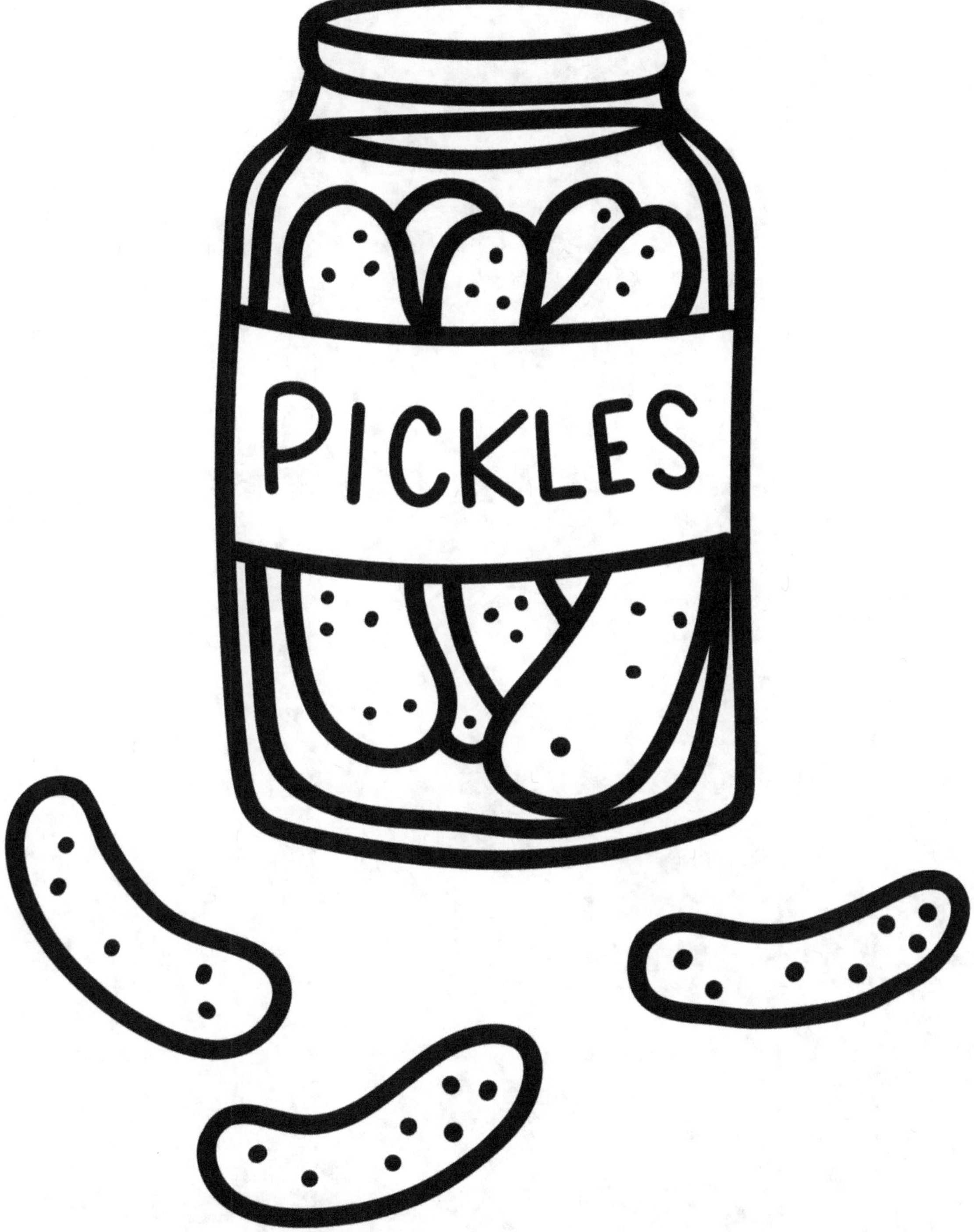
PICKLES

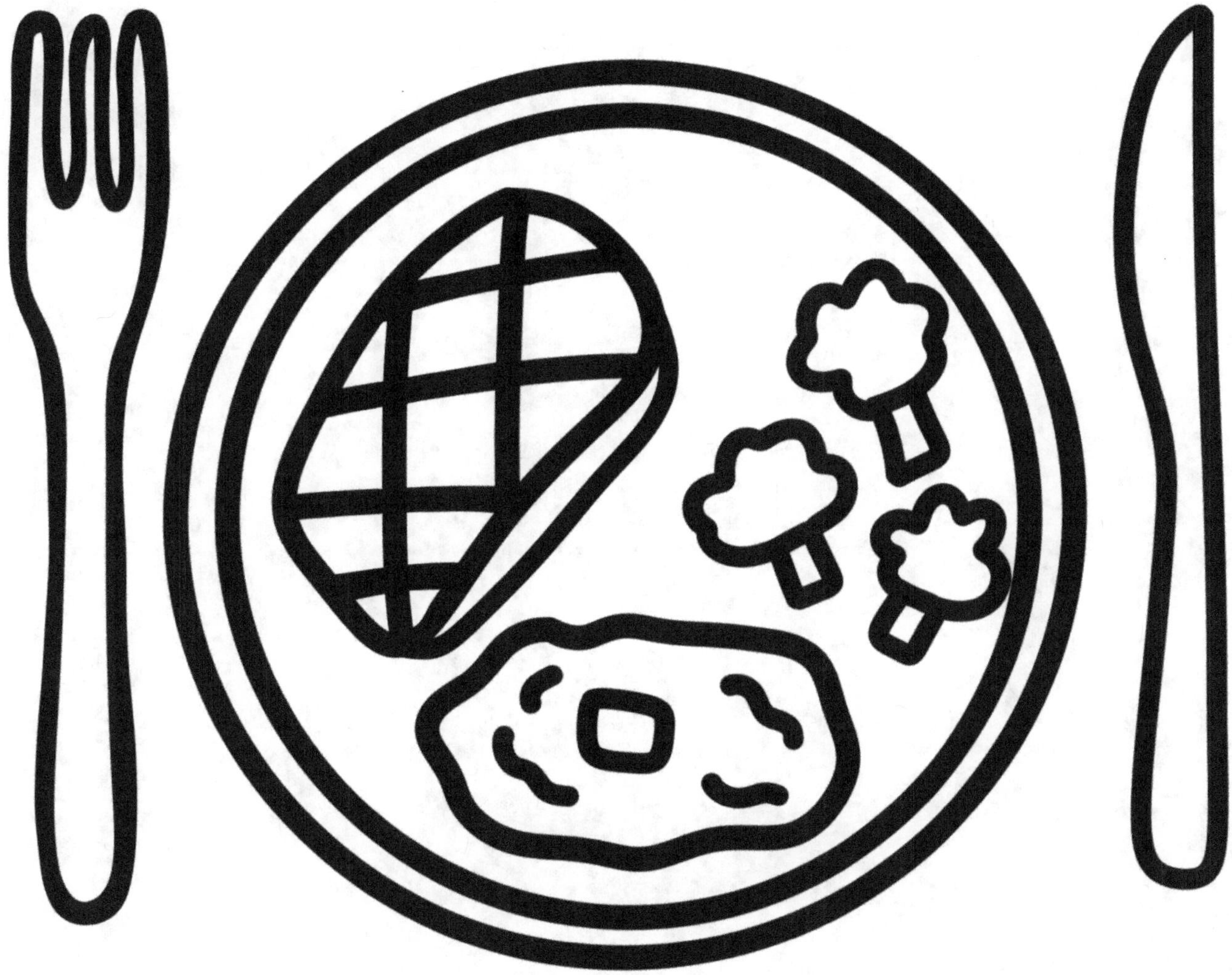

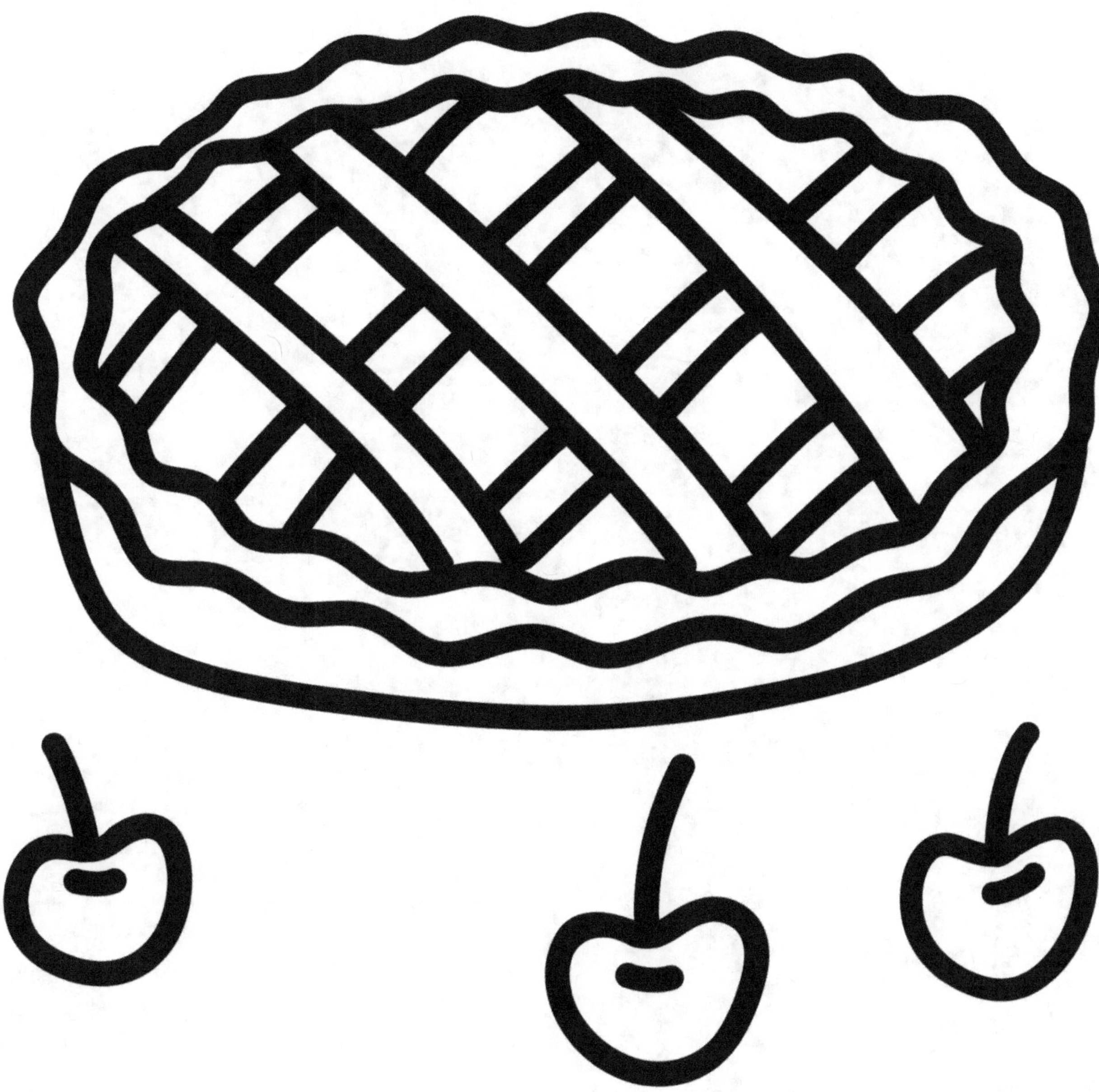

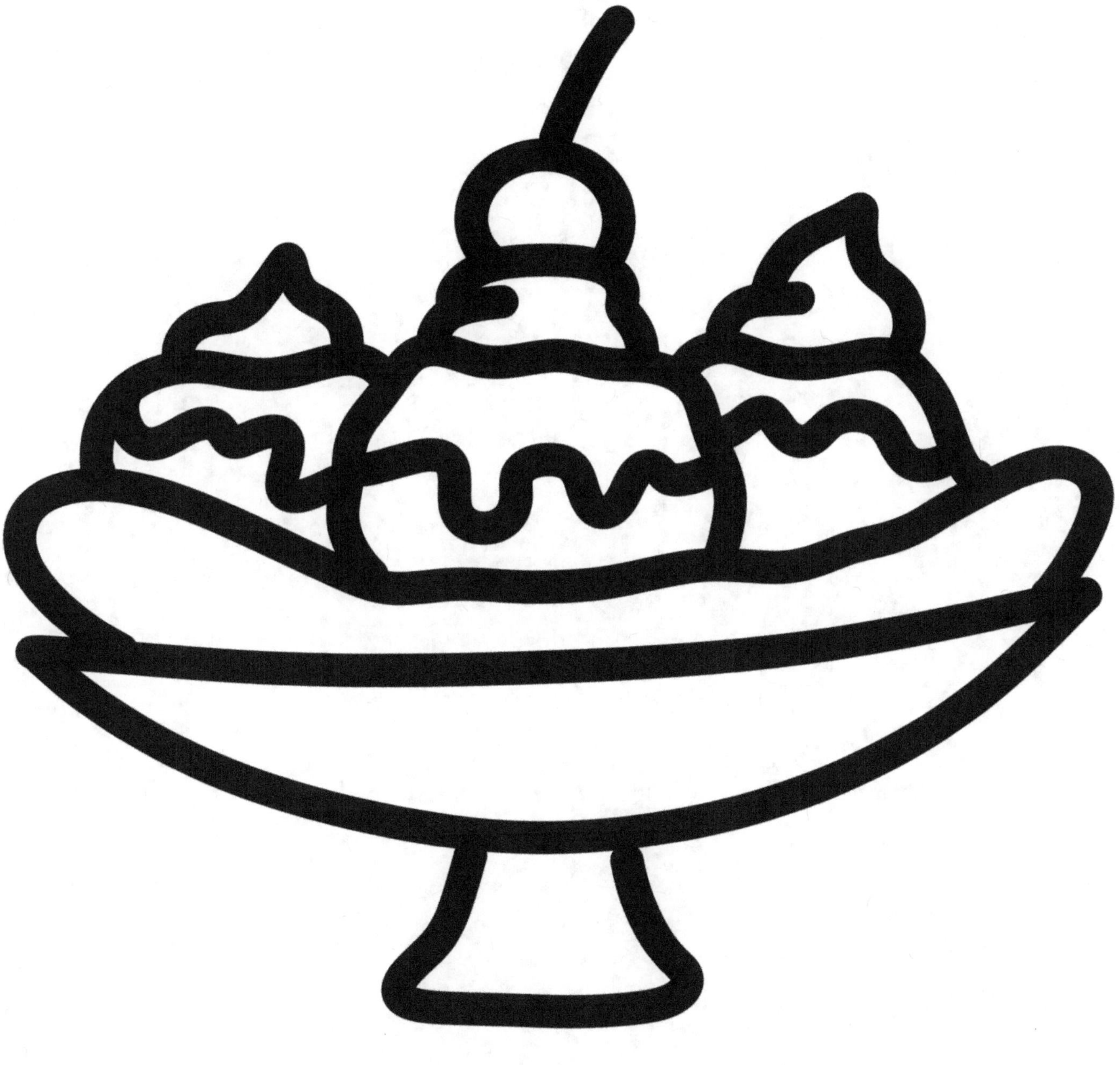

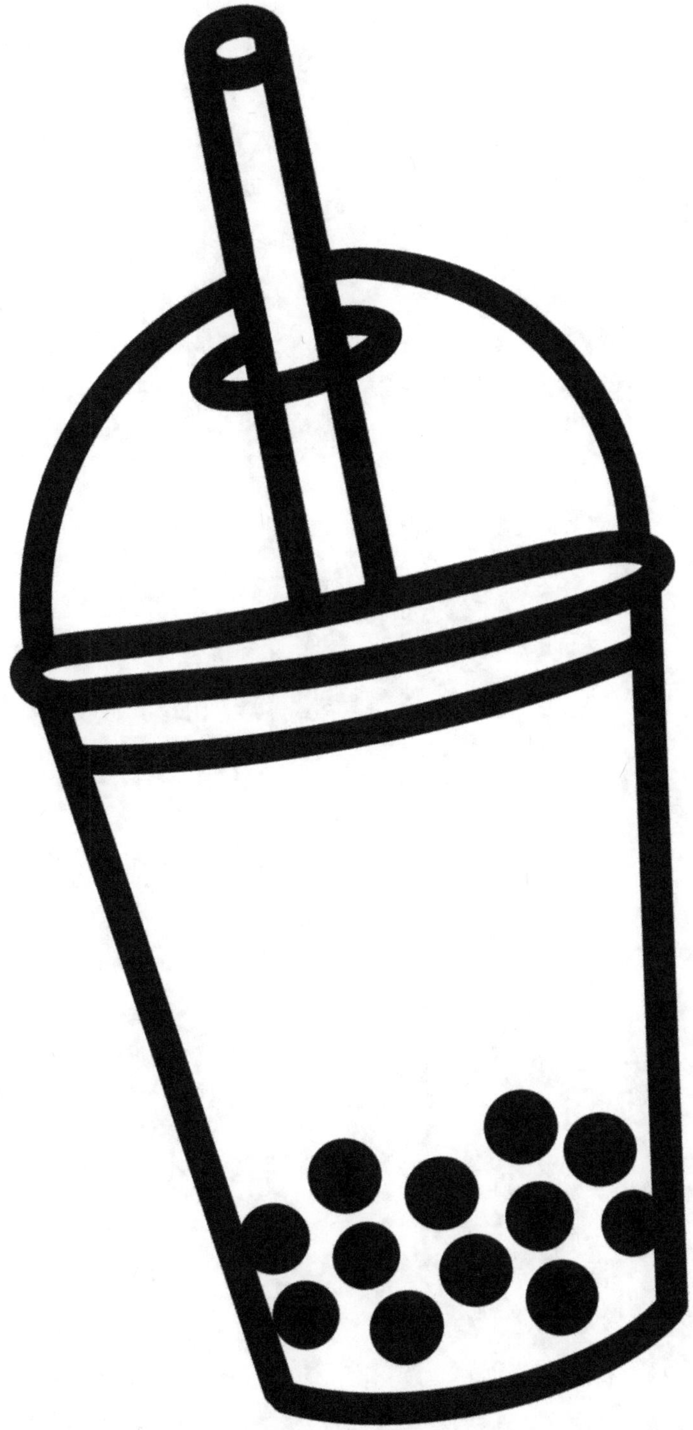

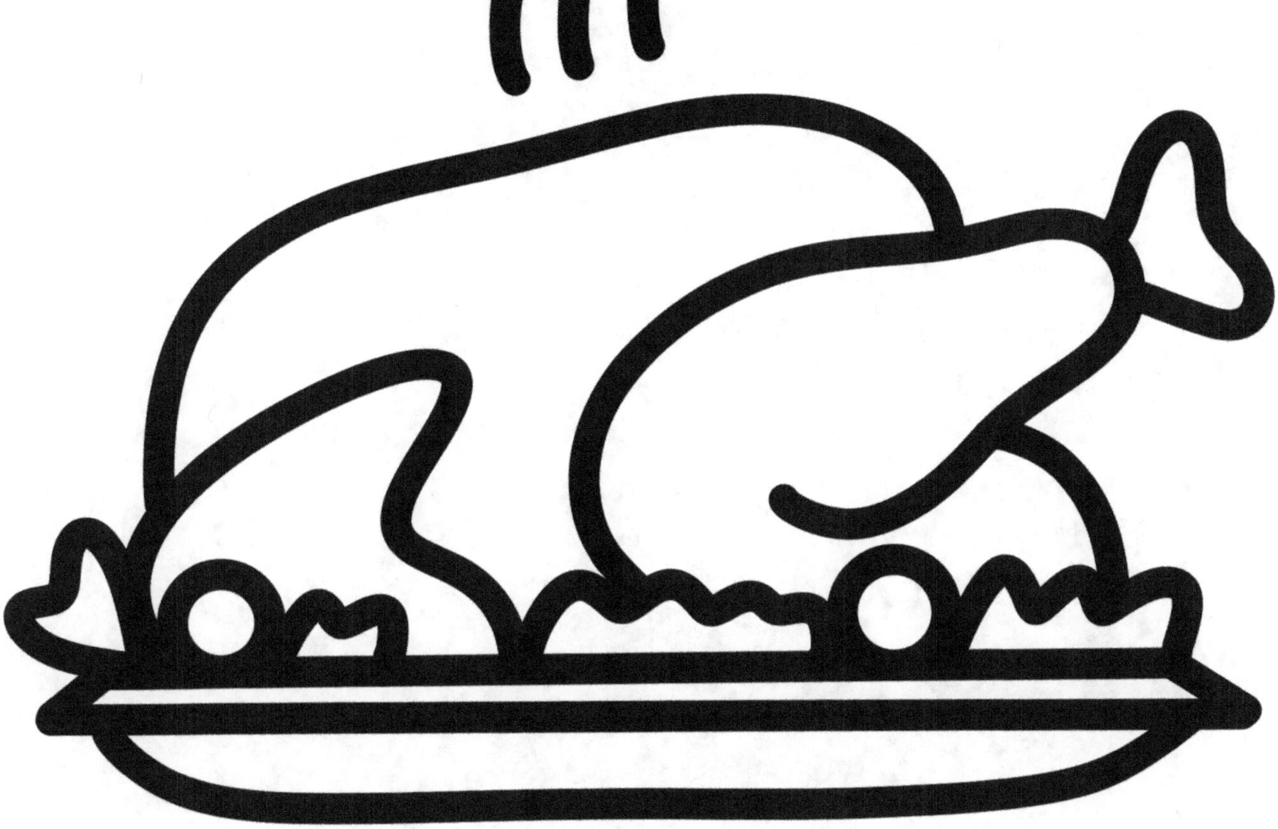

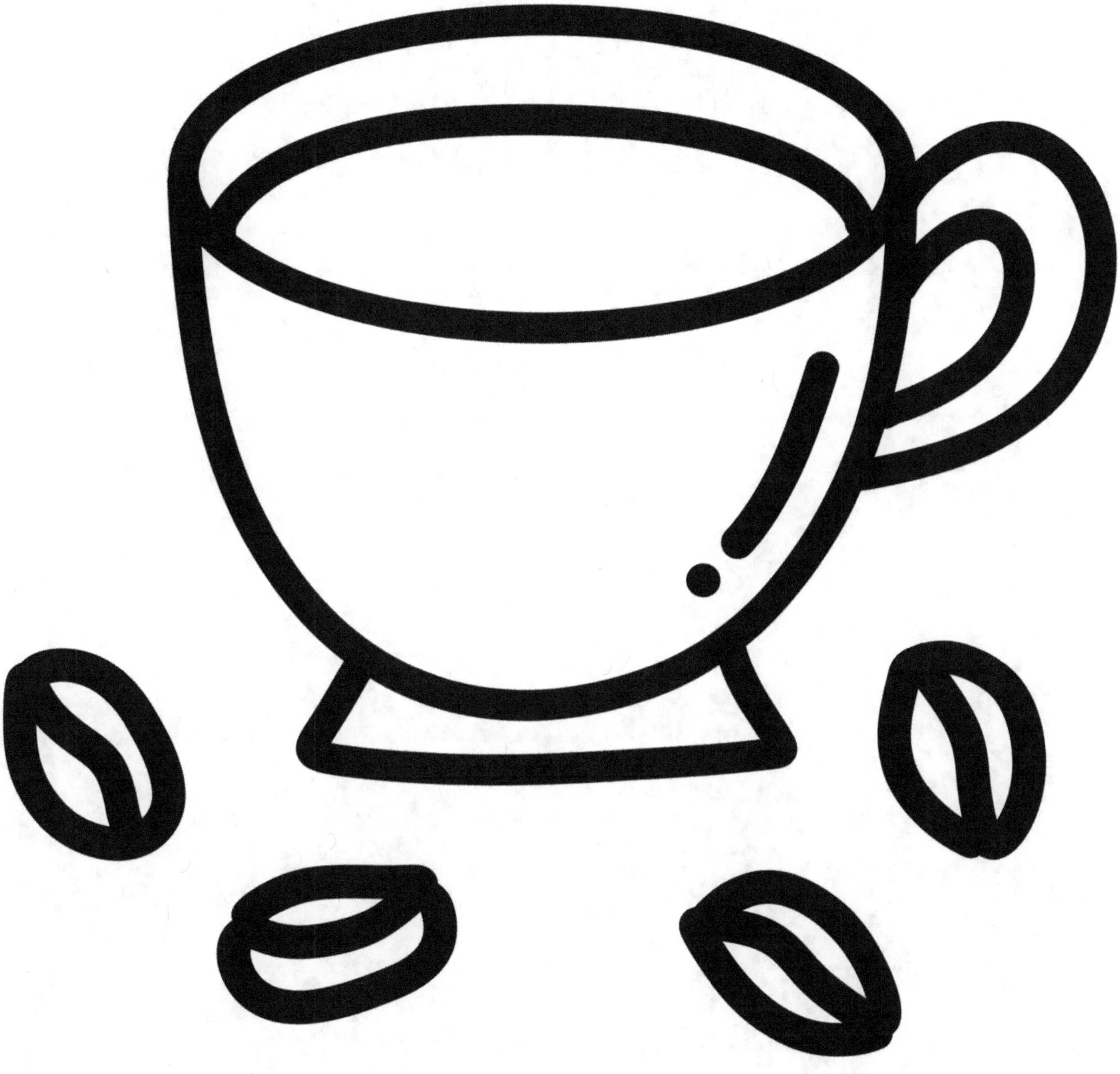

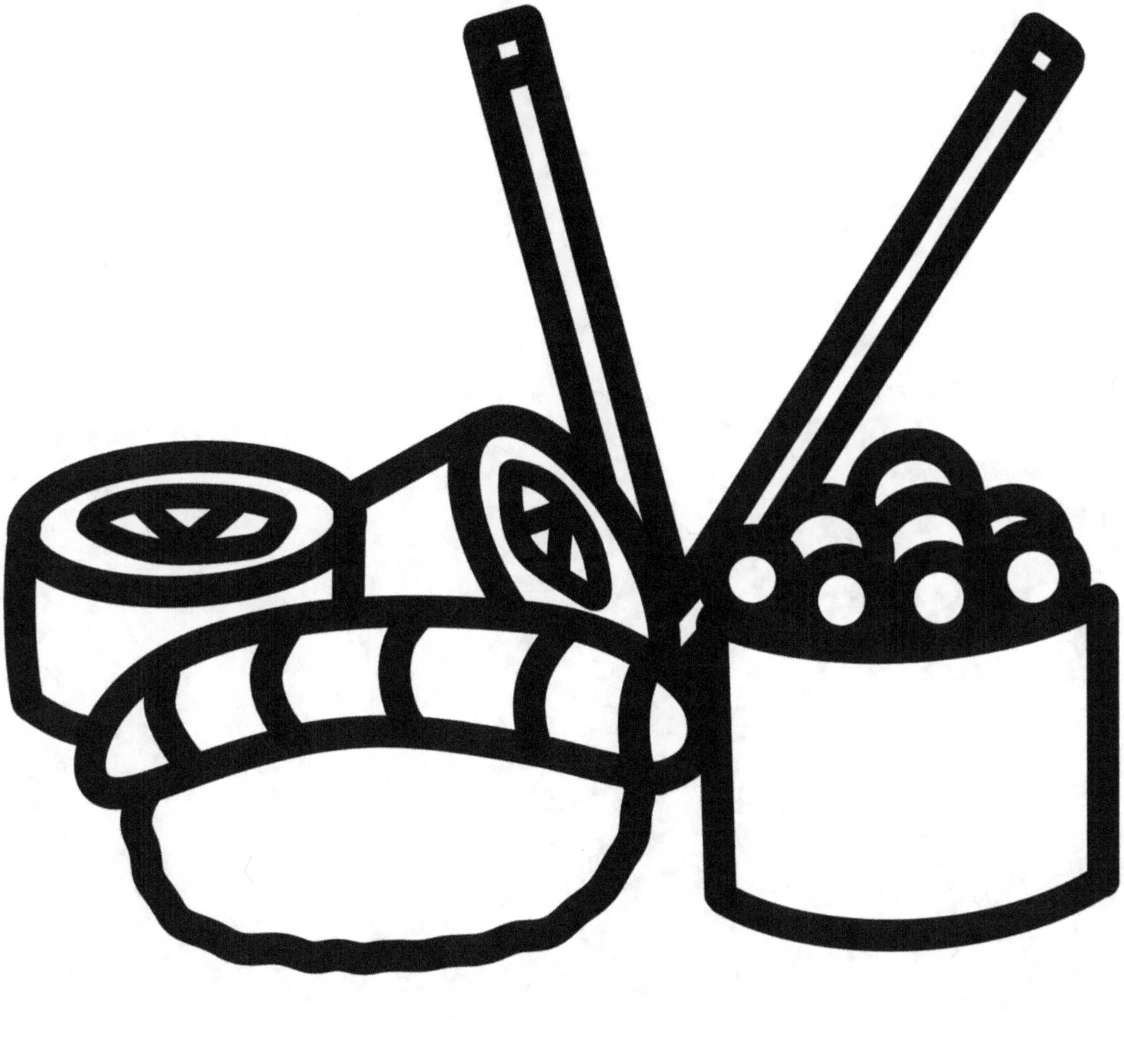

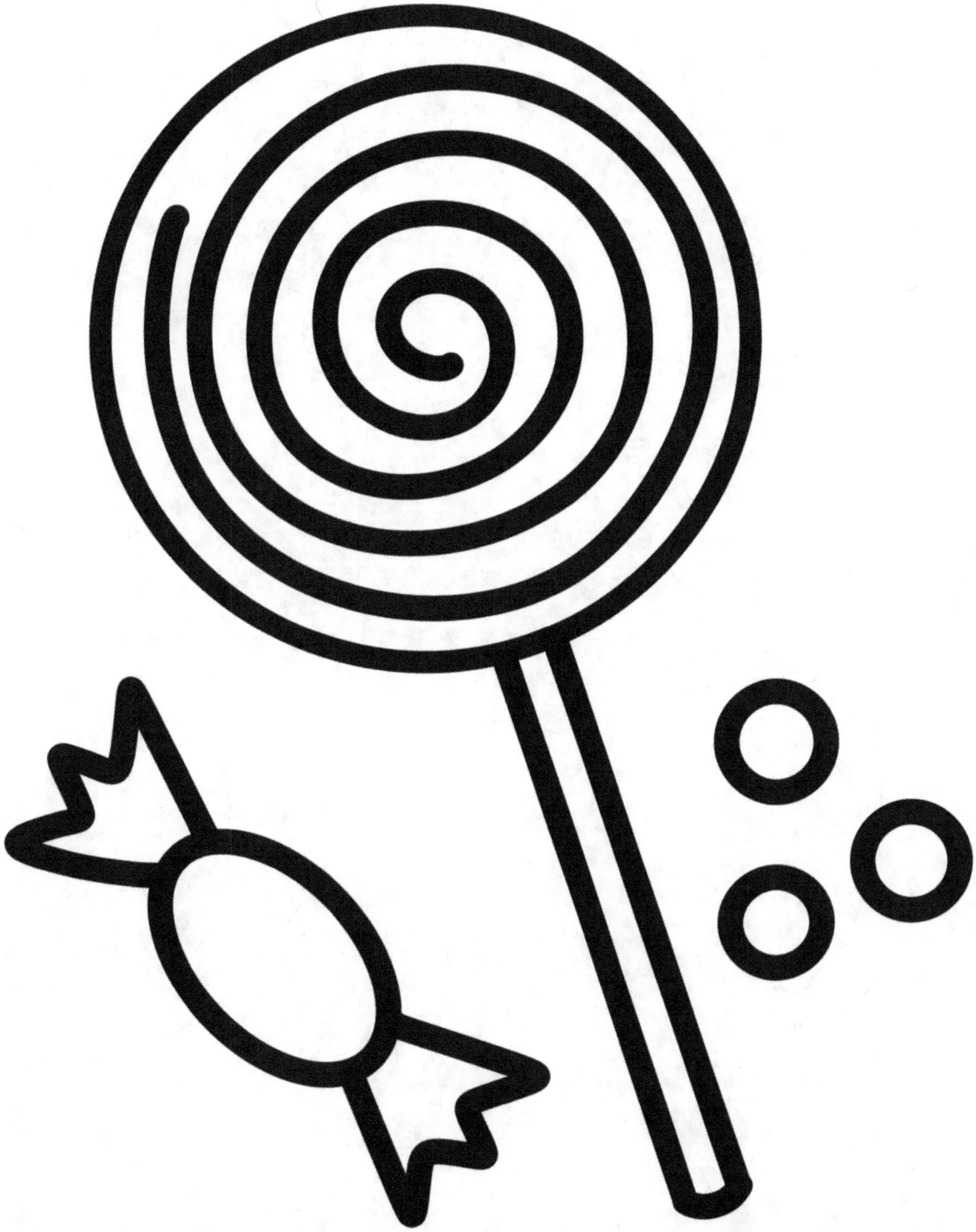

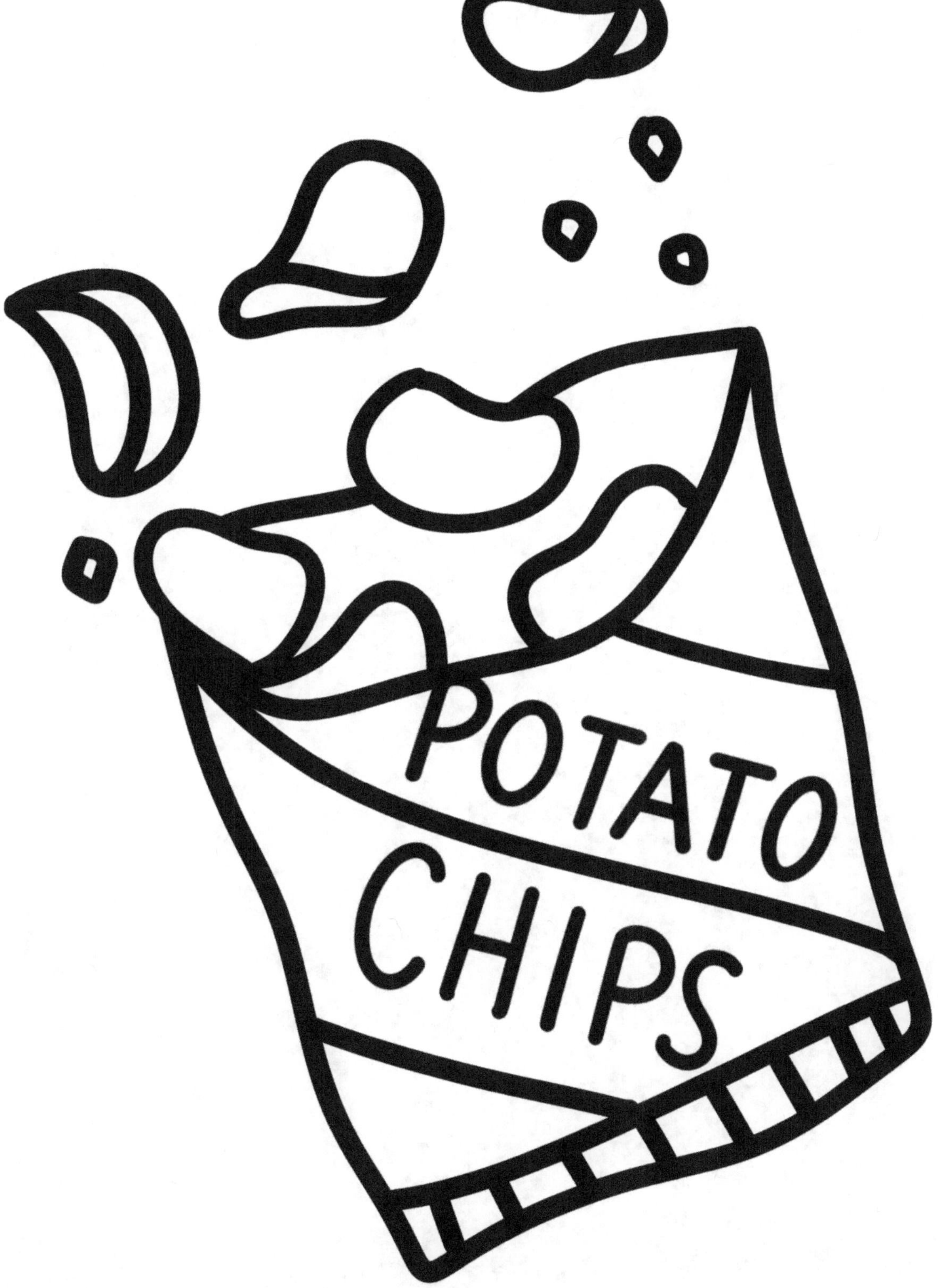
POTATO
CHIPS

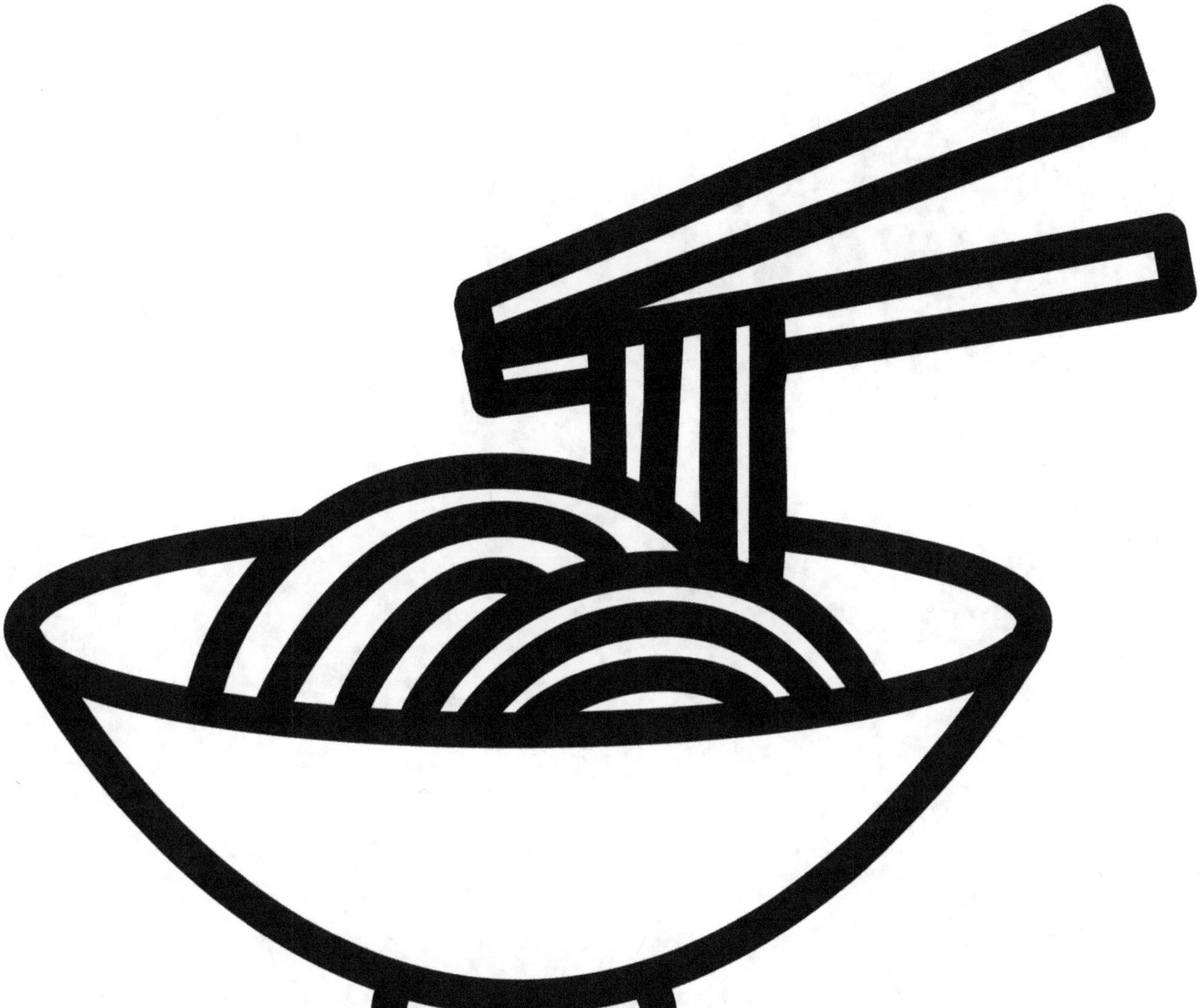

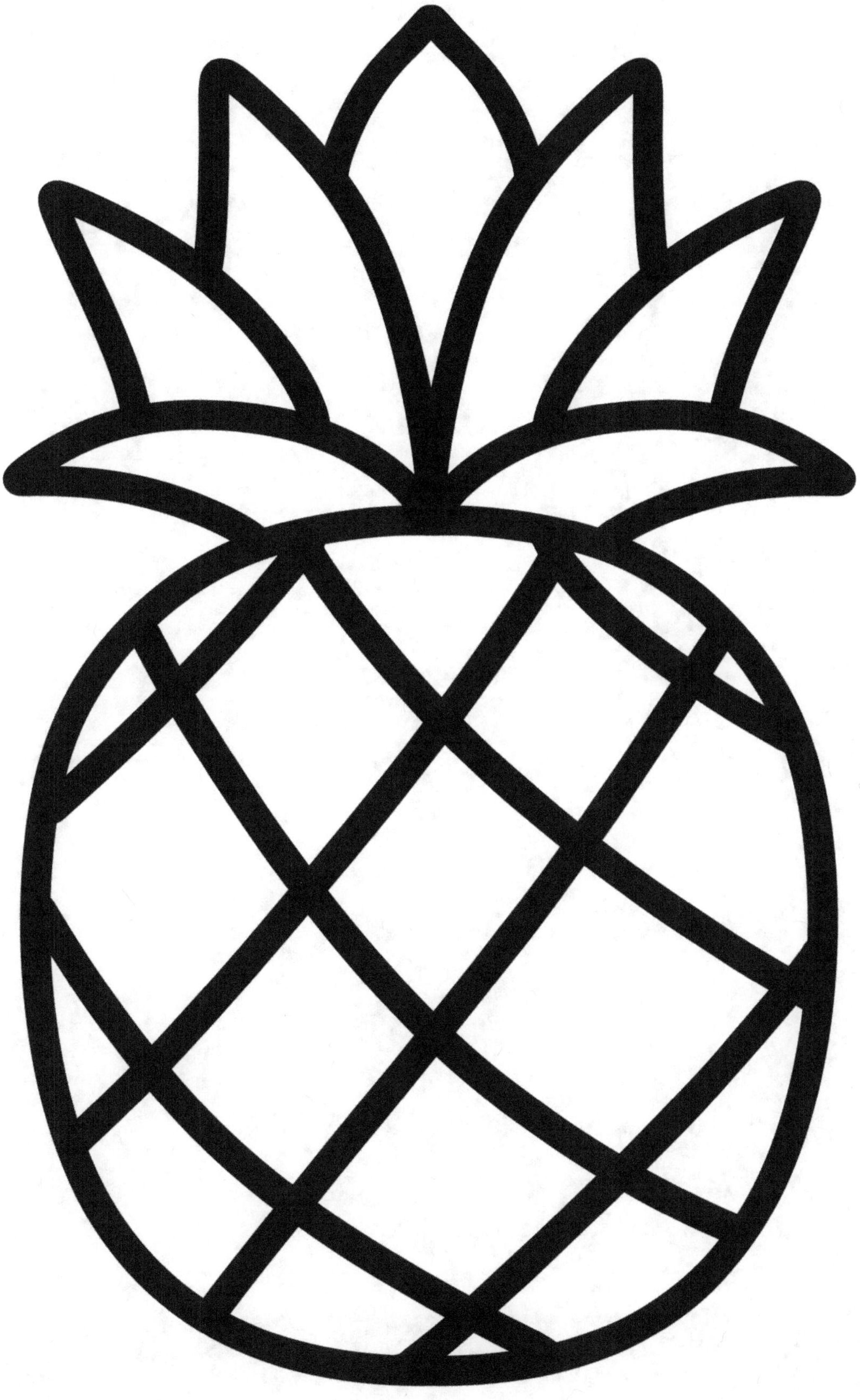

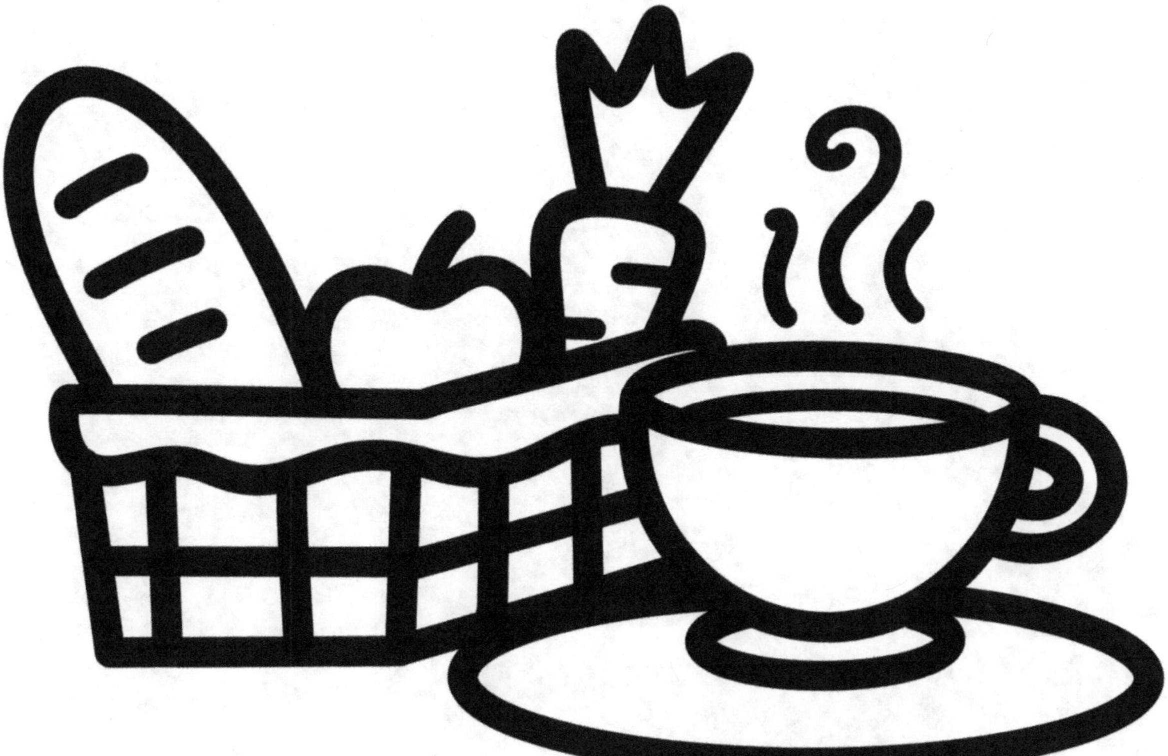

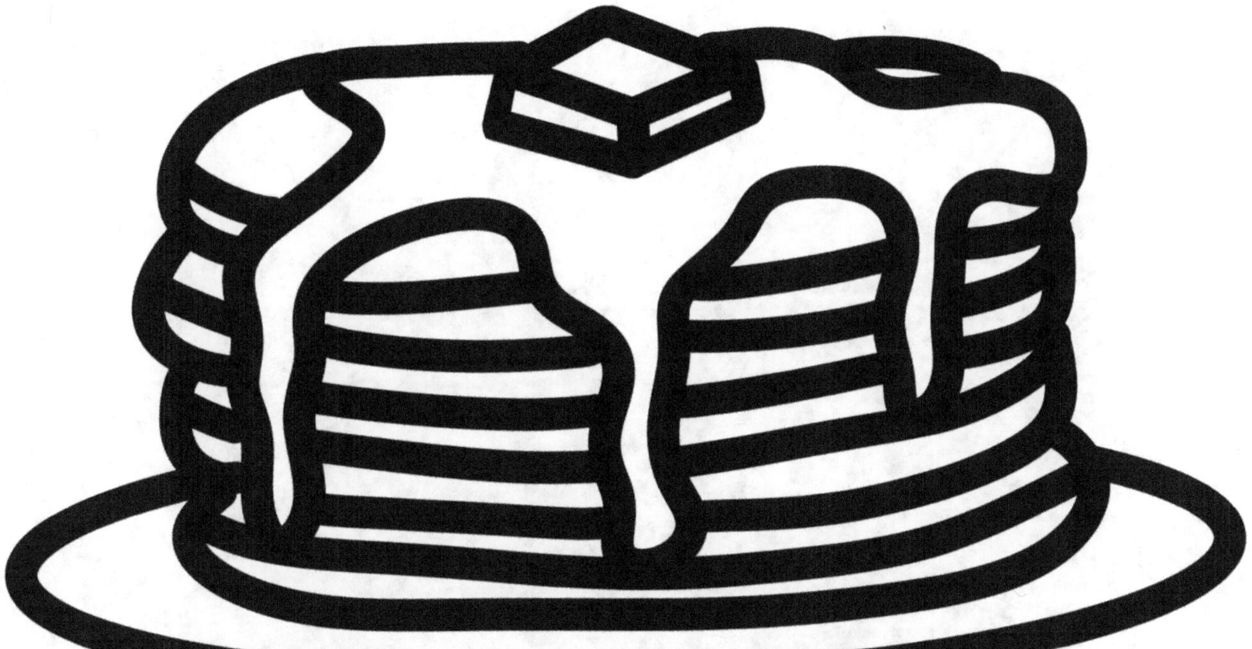

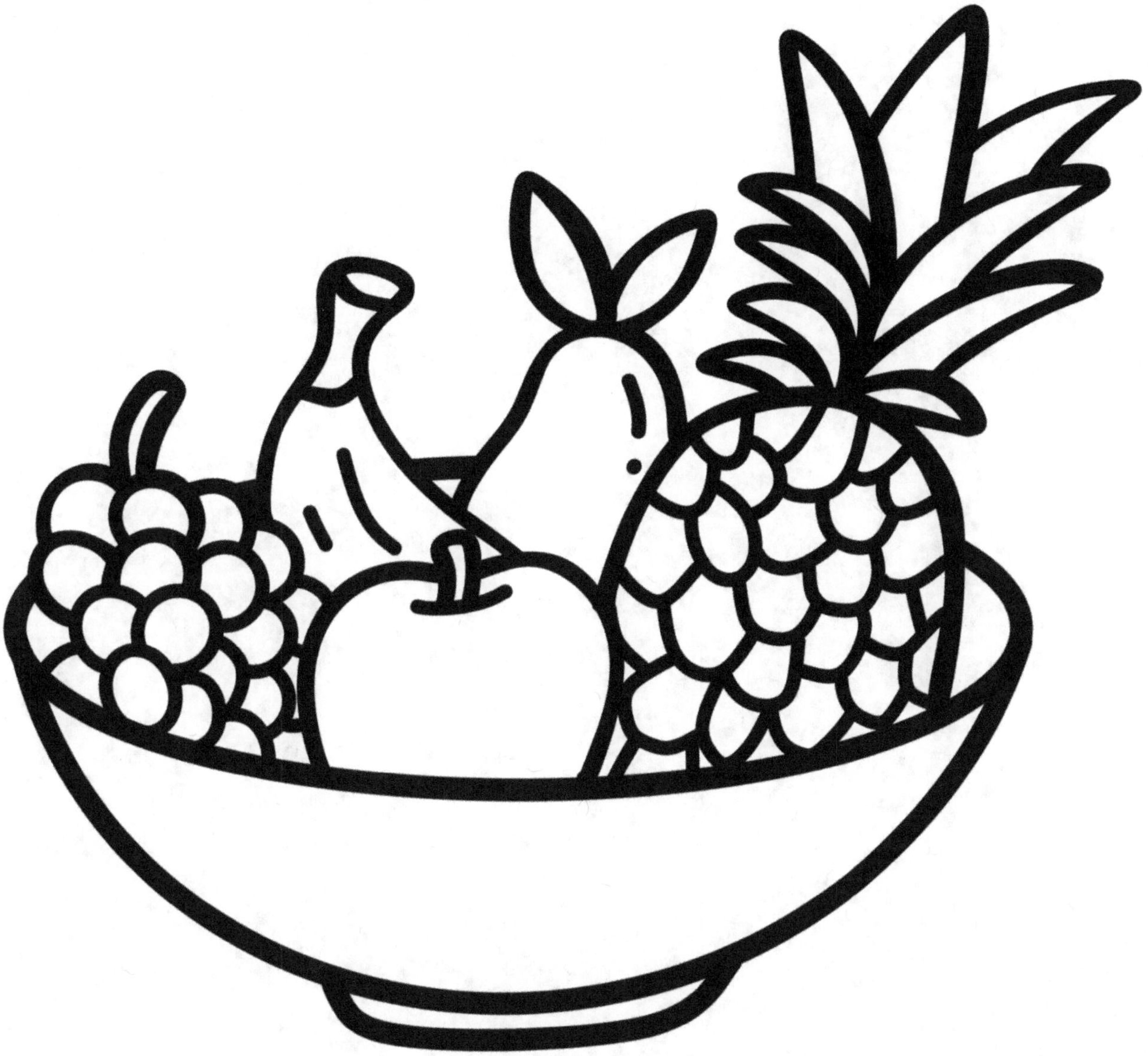

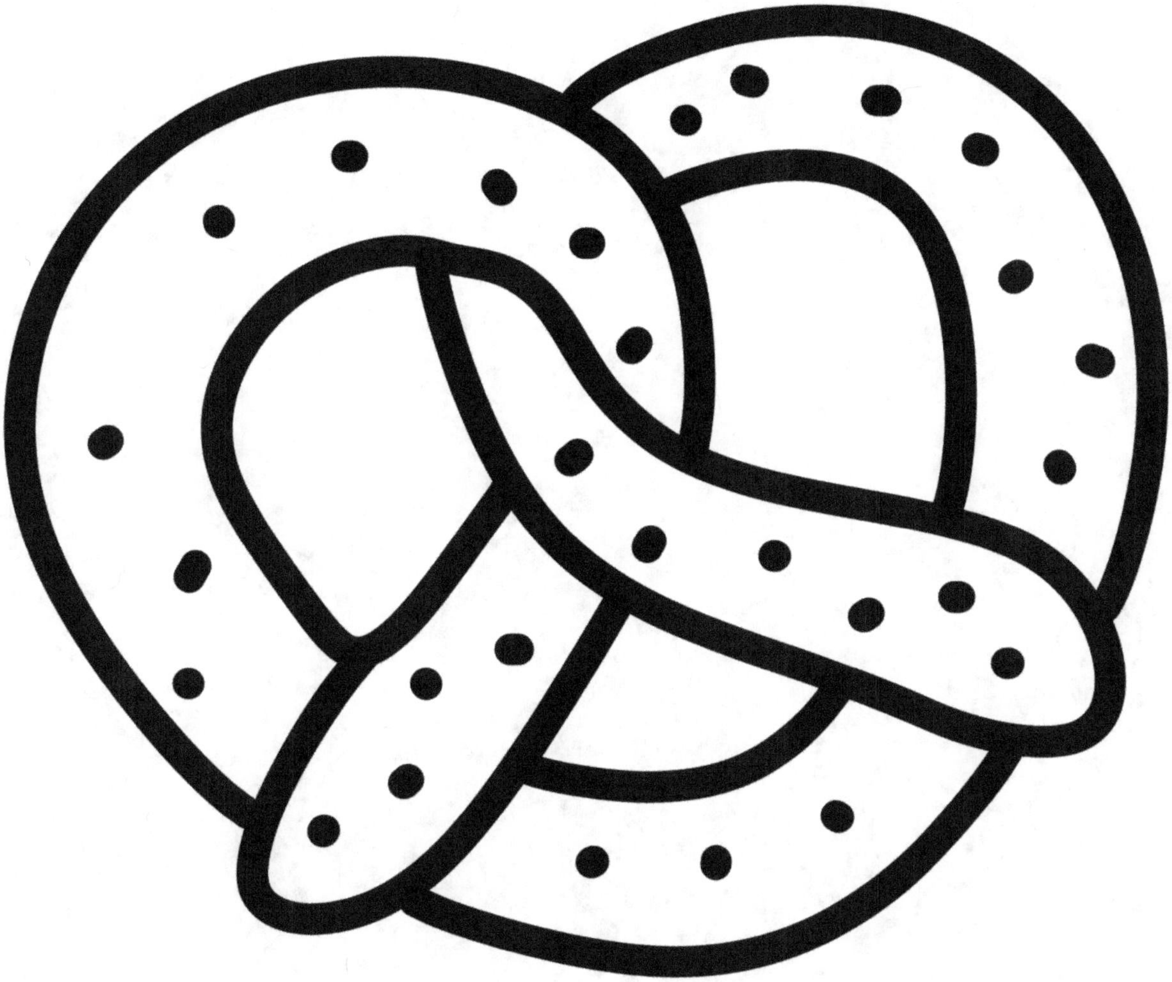

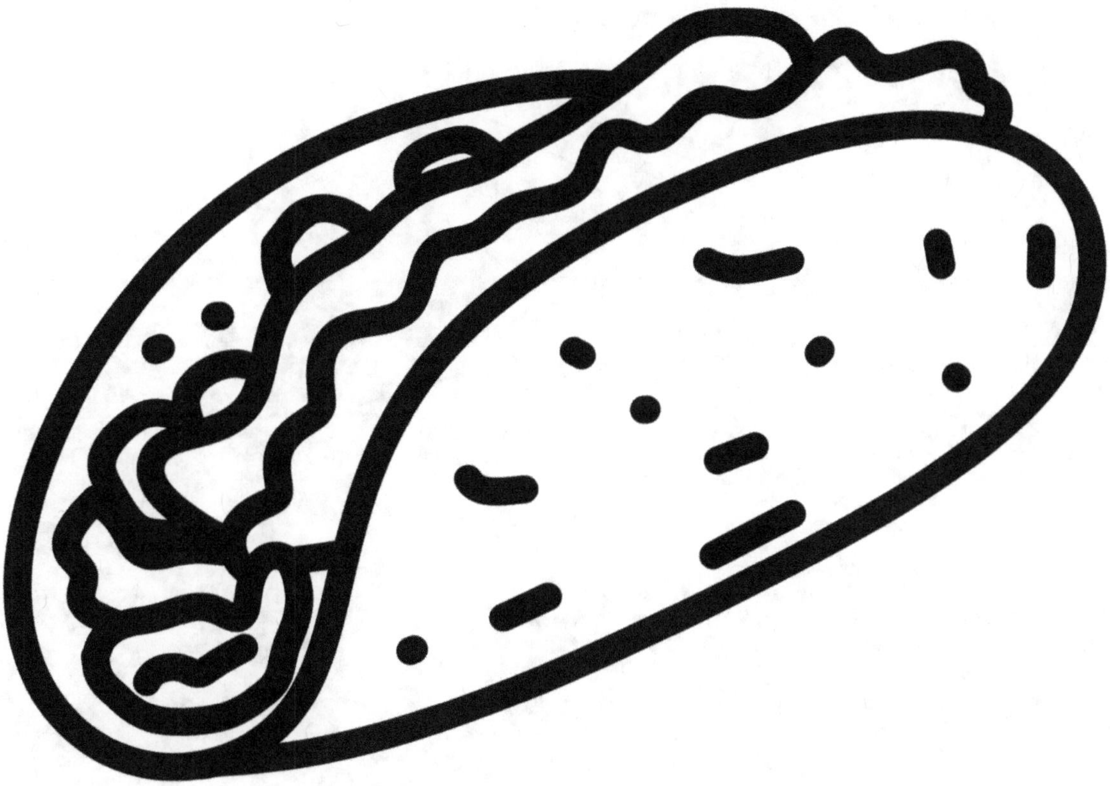

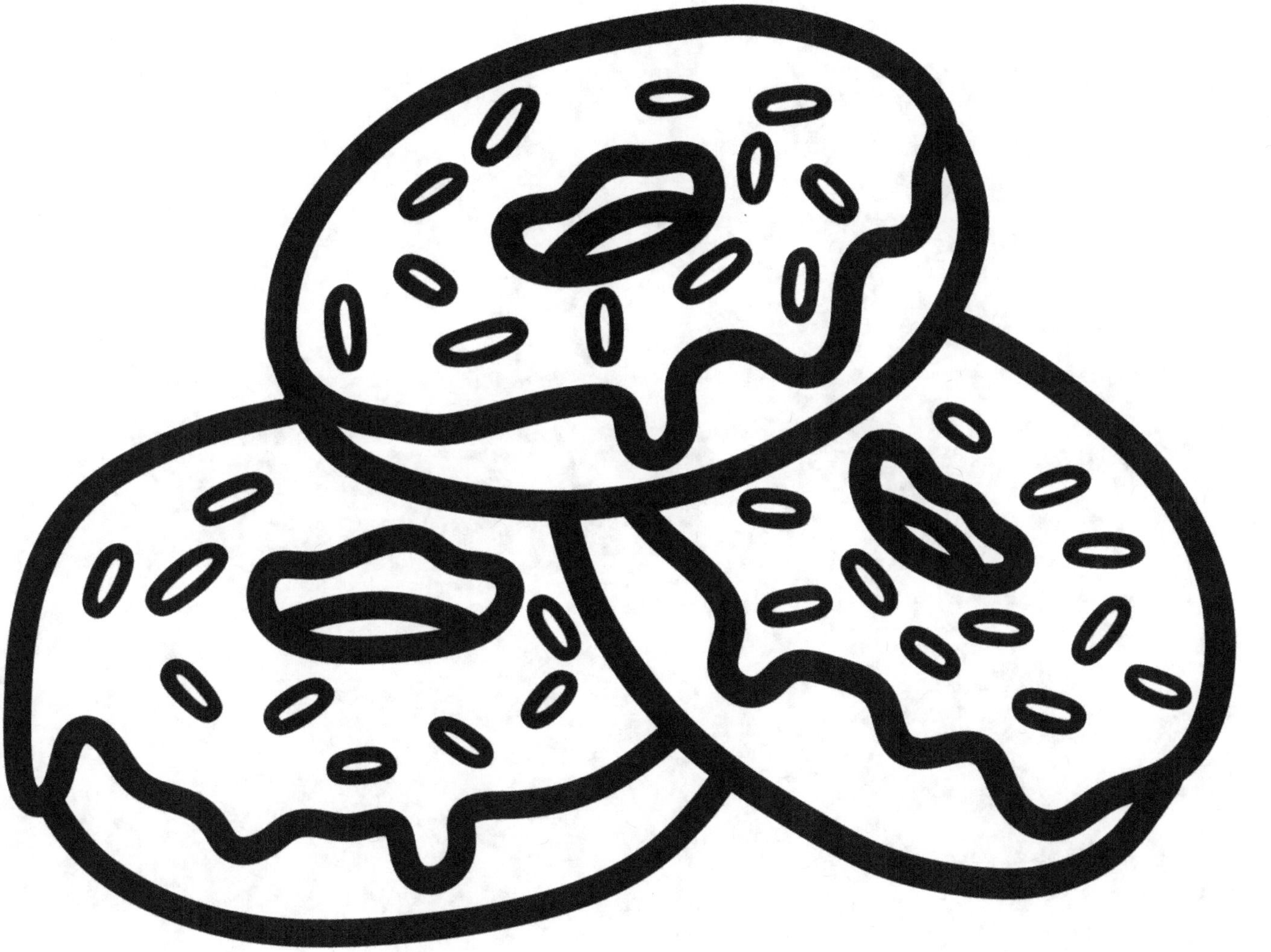

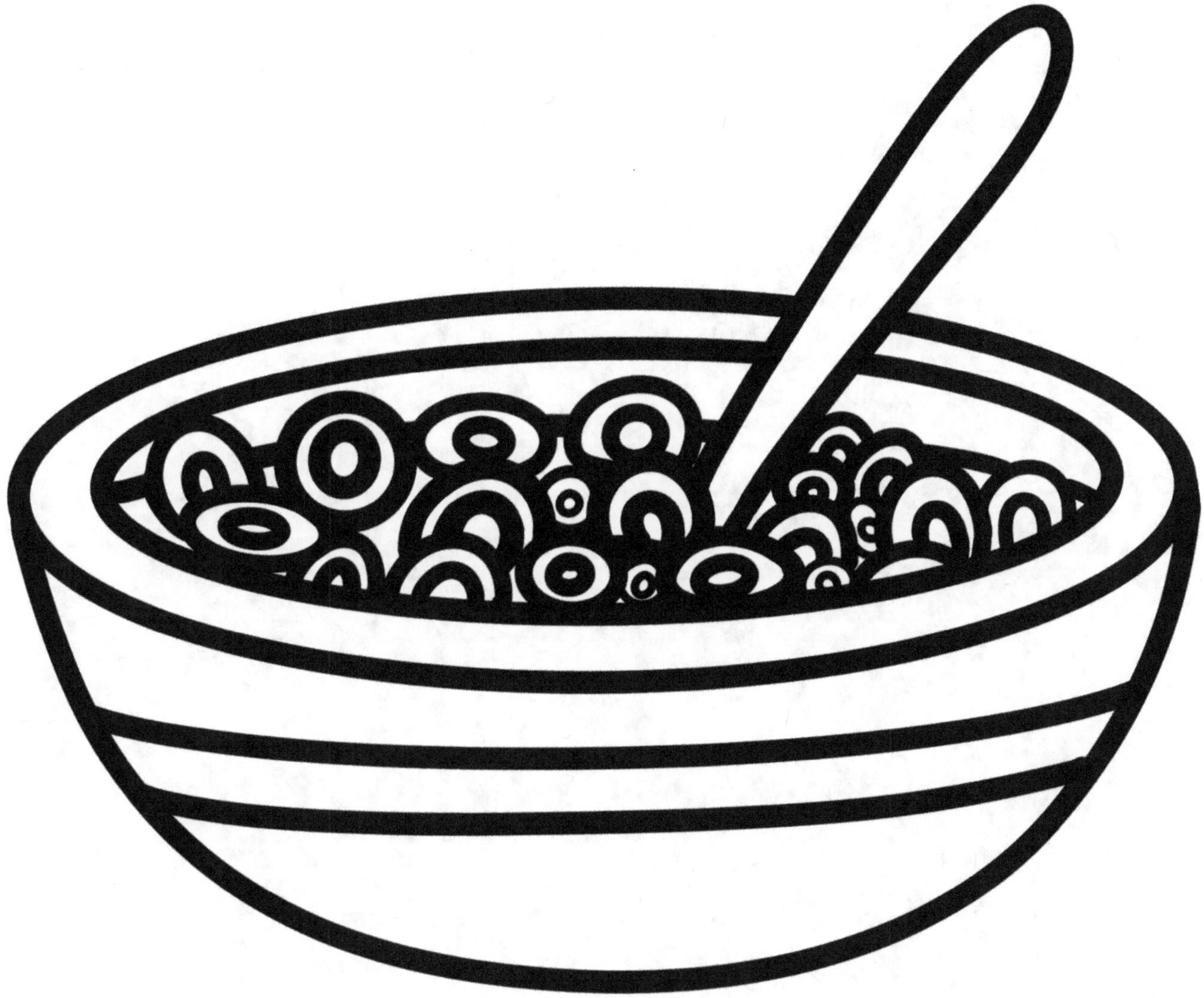

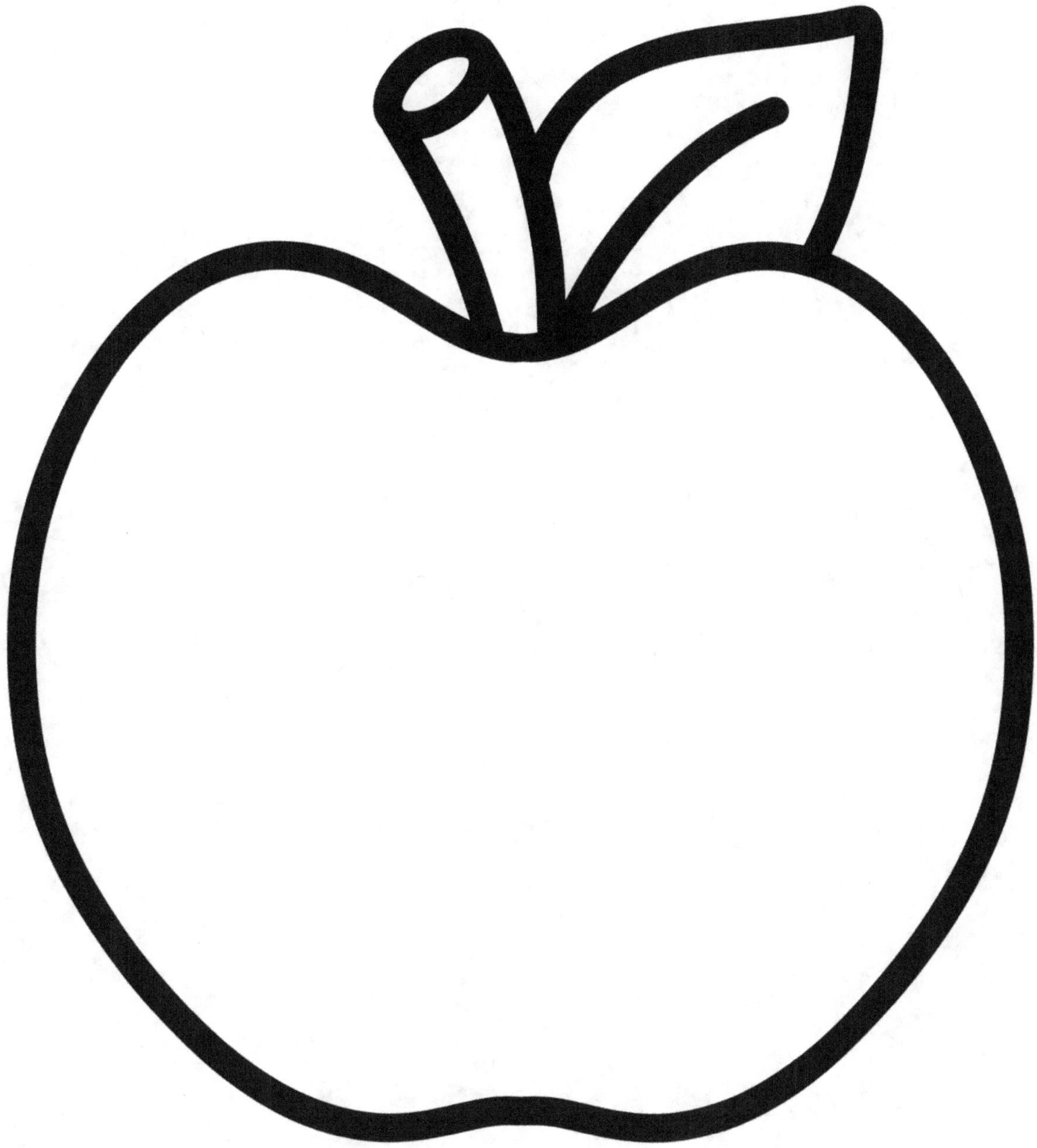

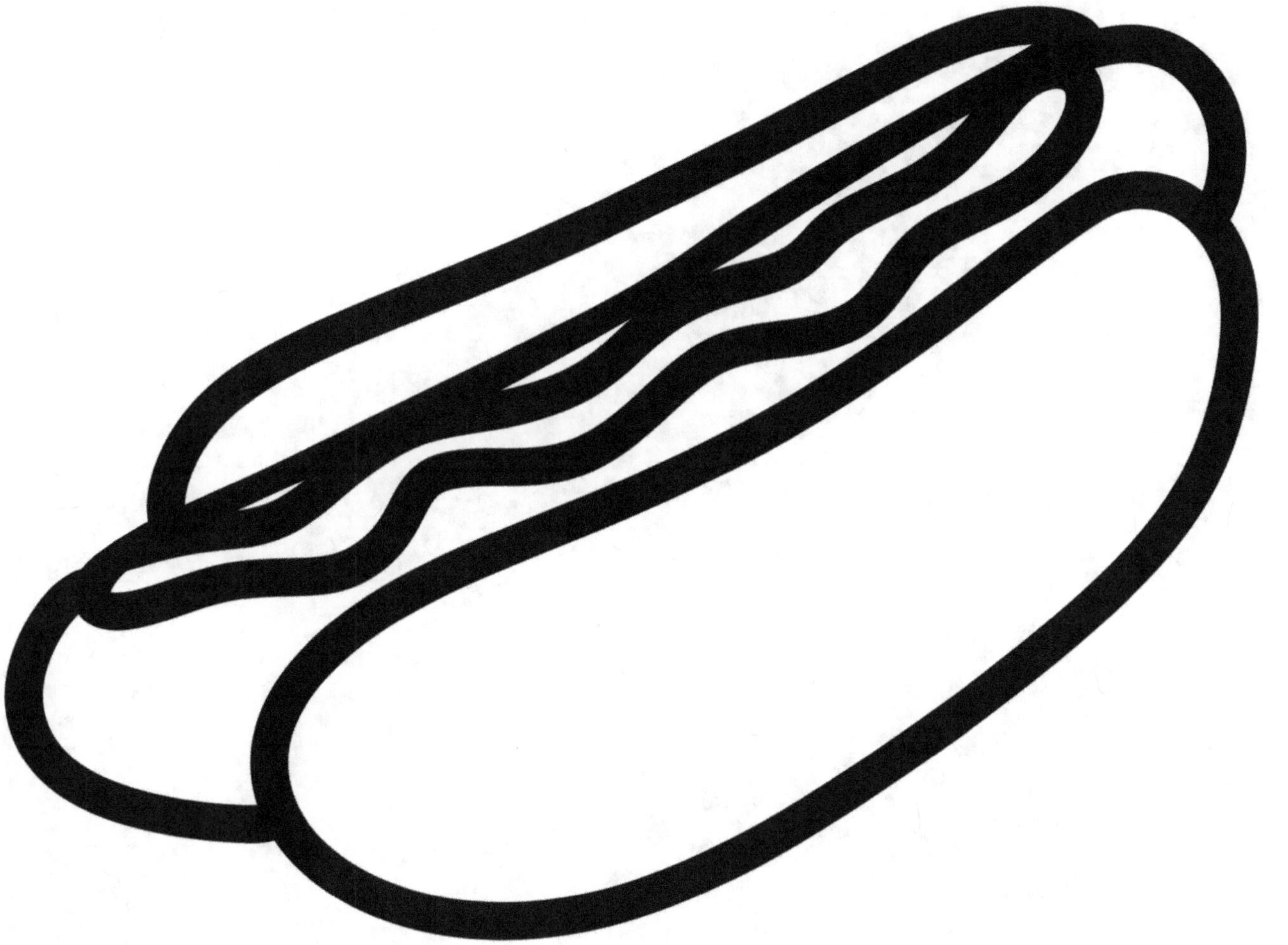

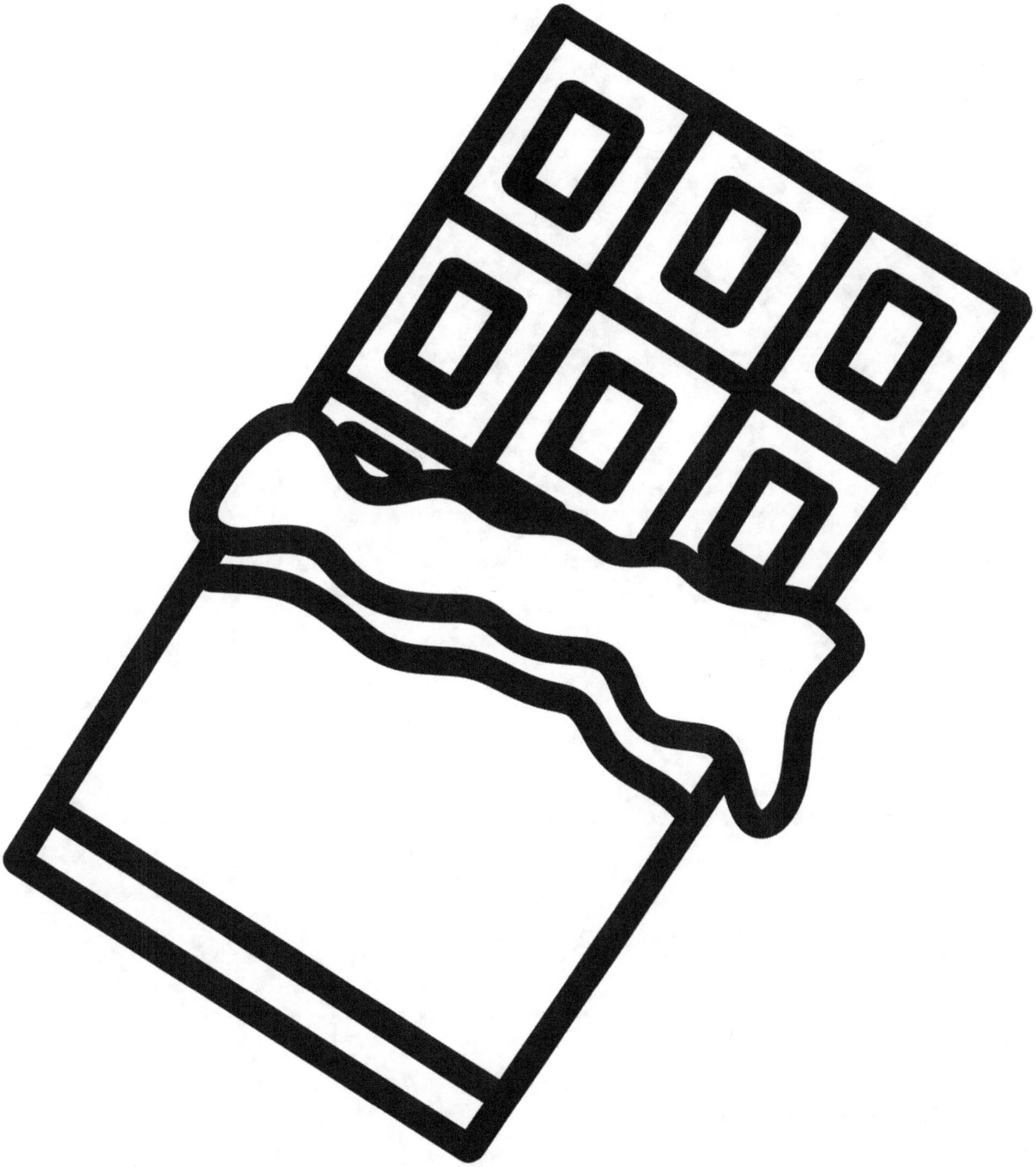

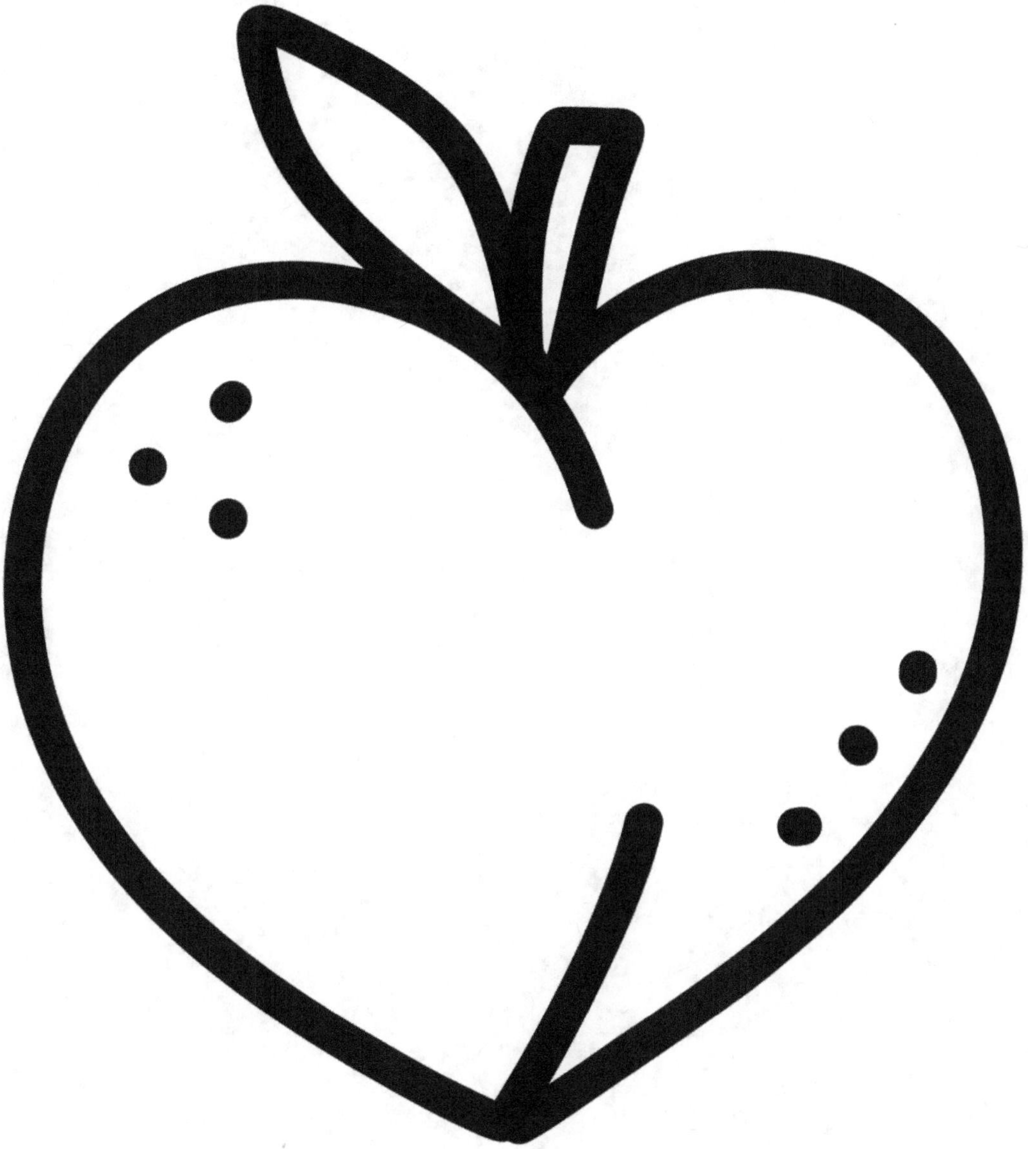

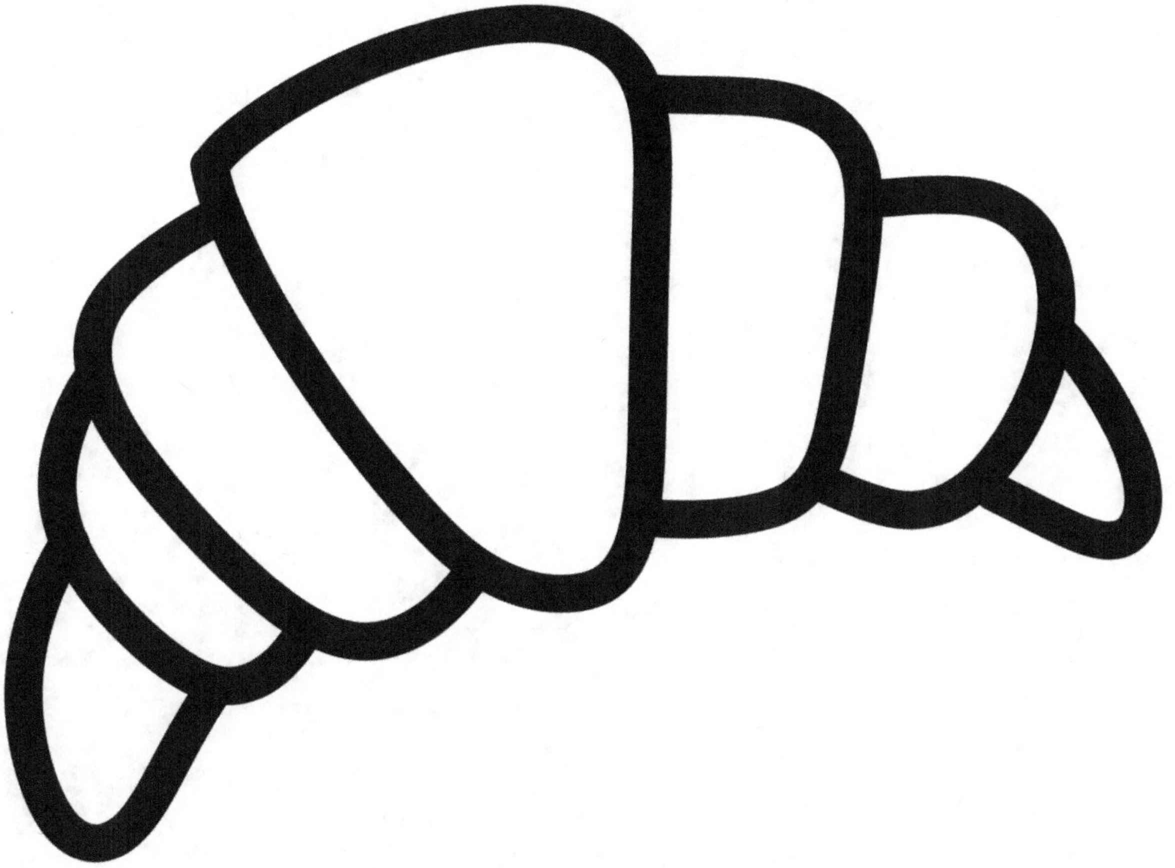

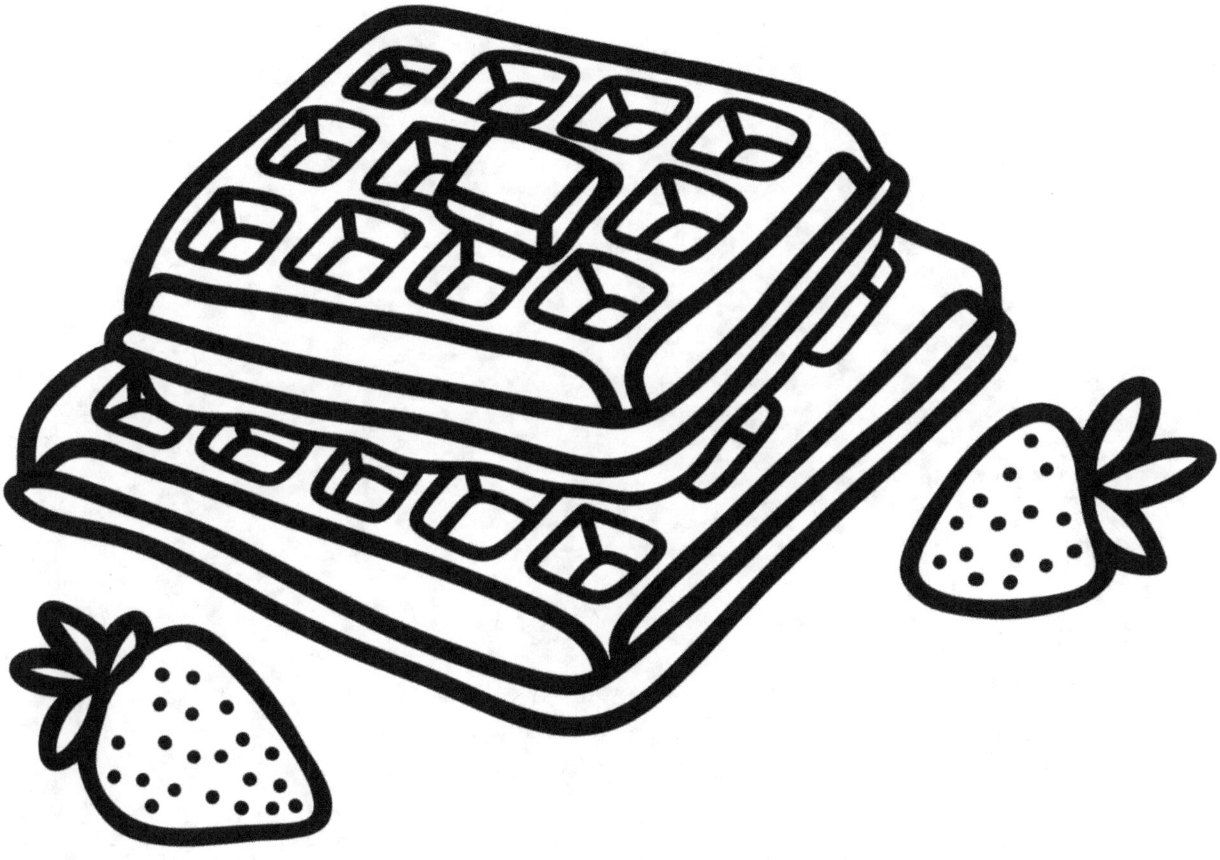

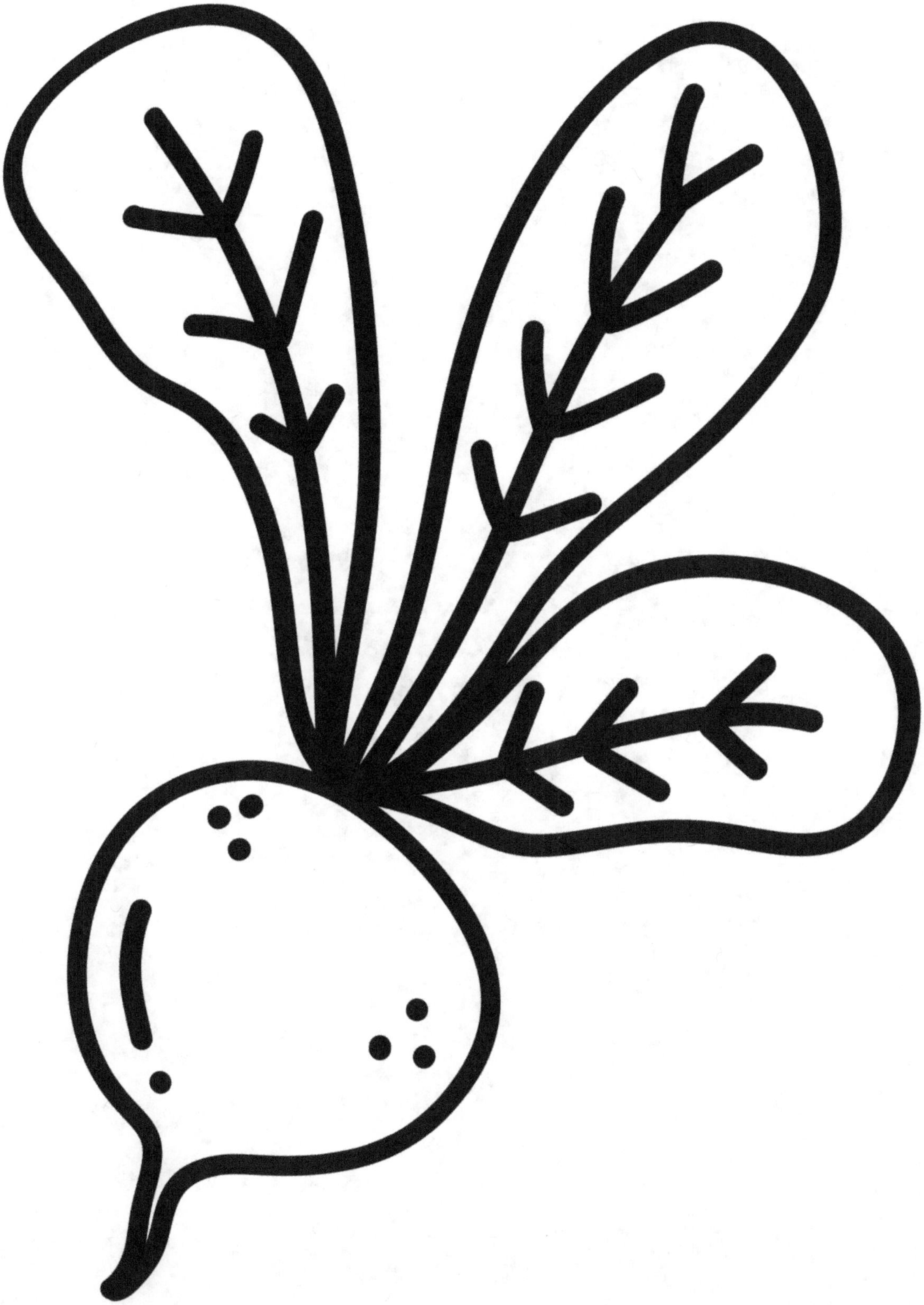

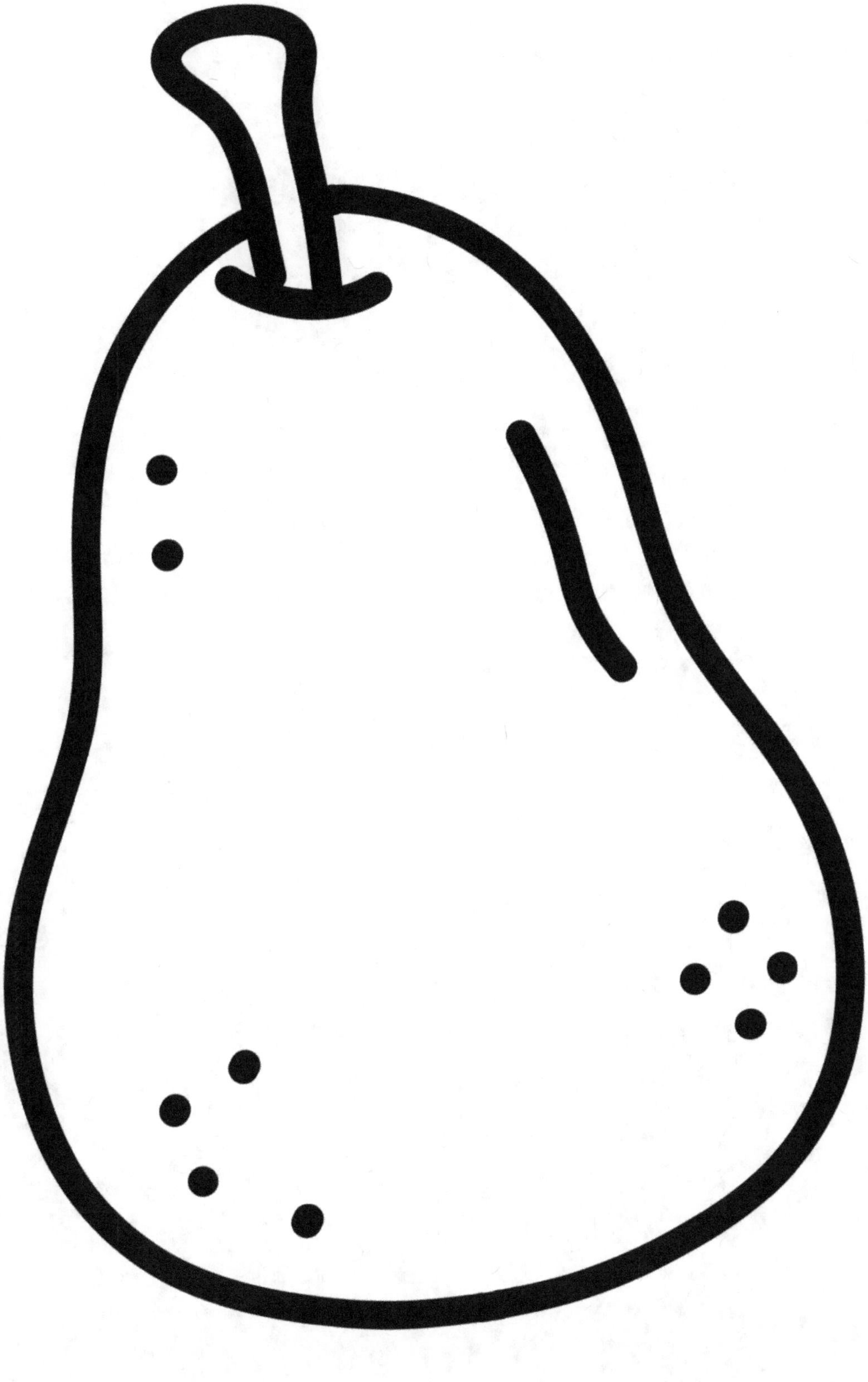

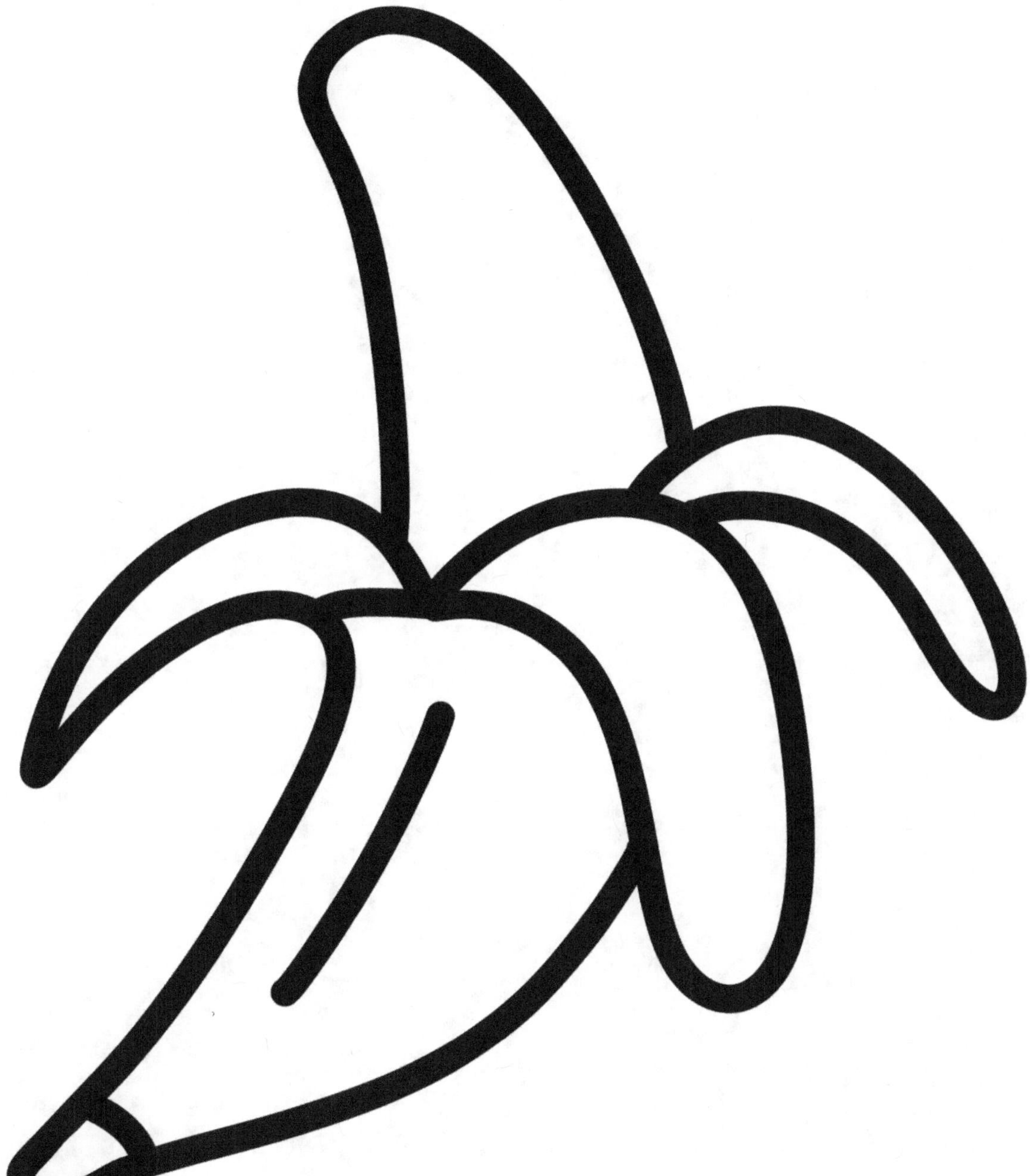

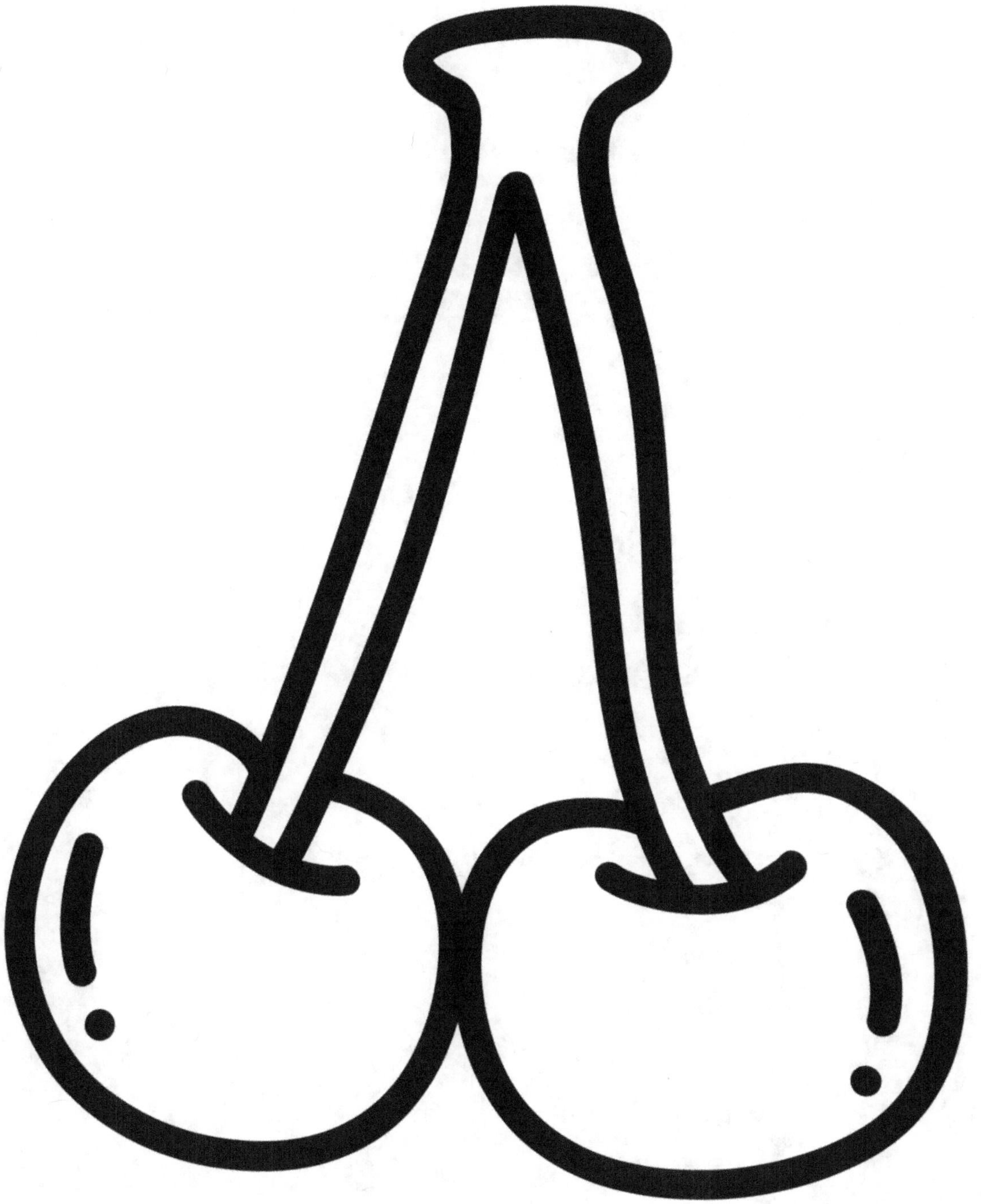

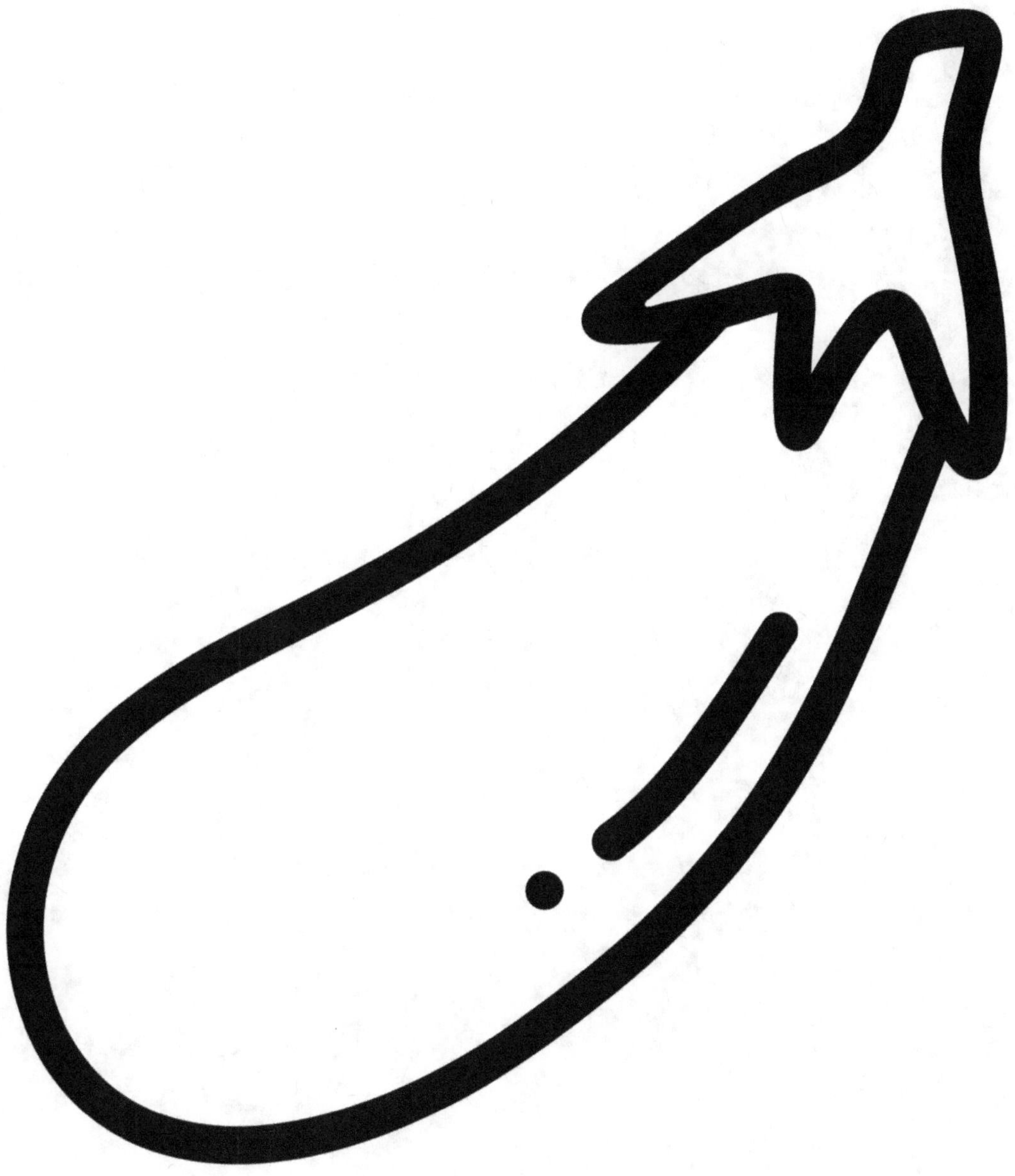

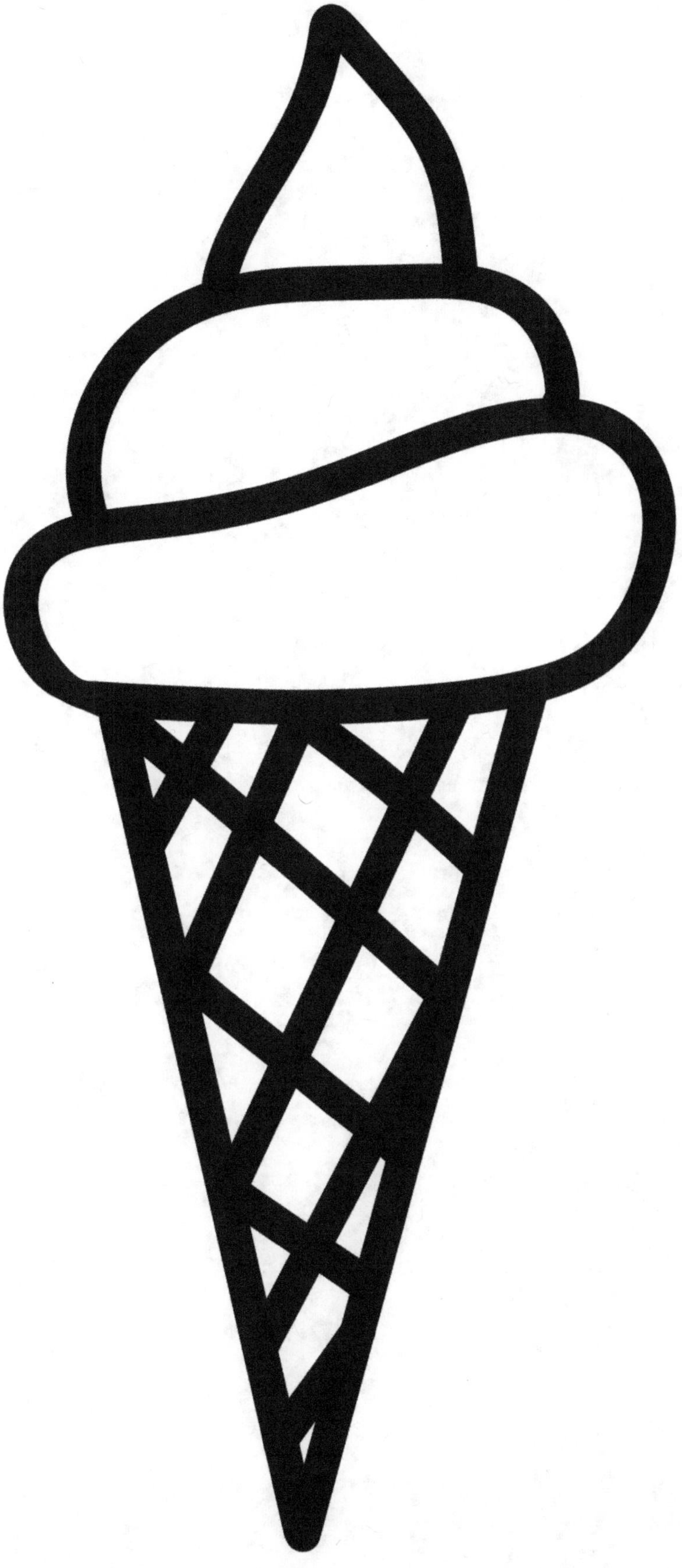

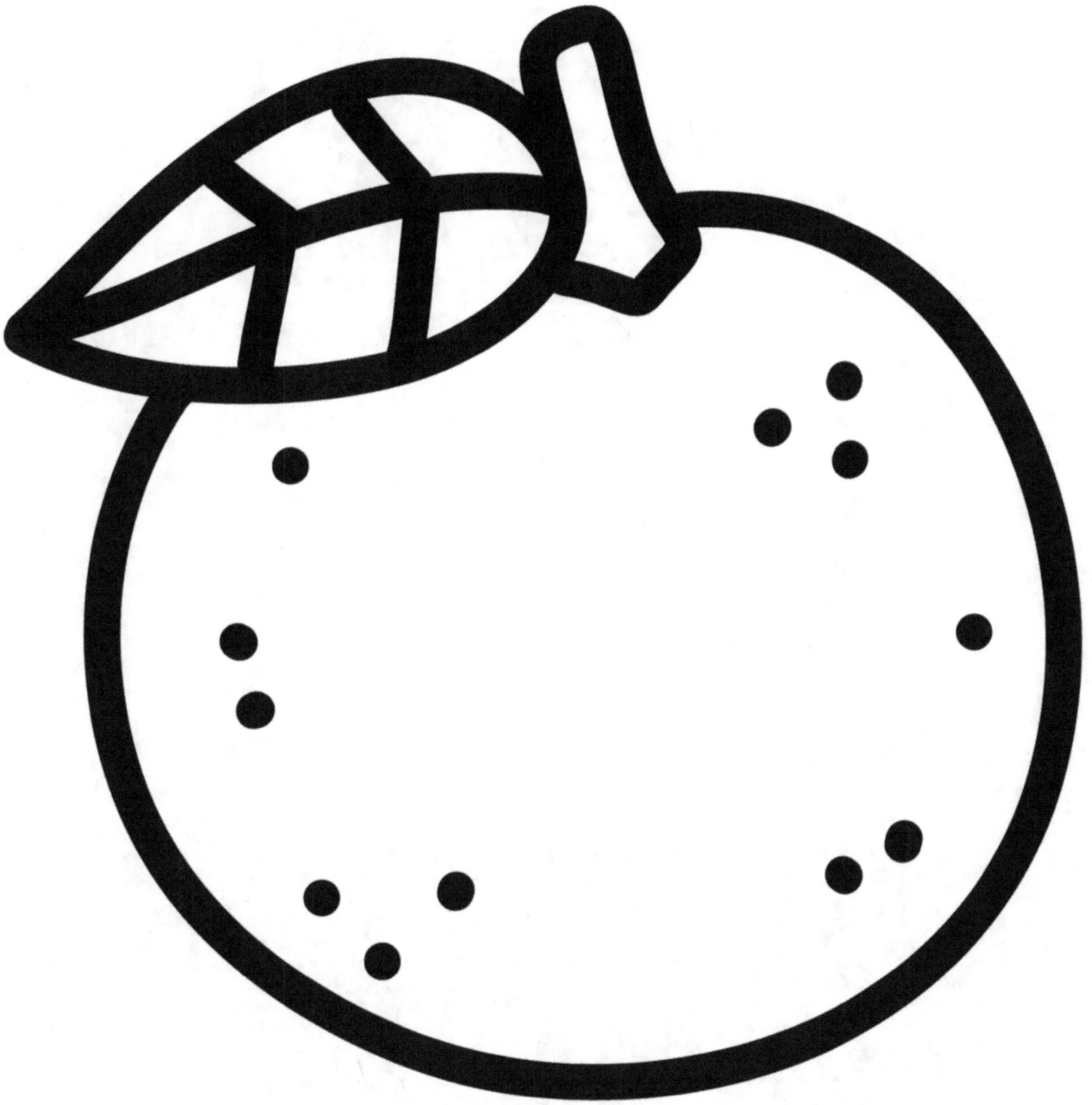

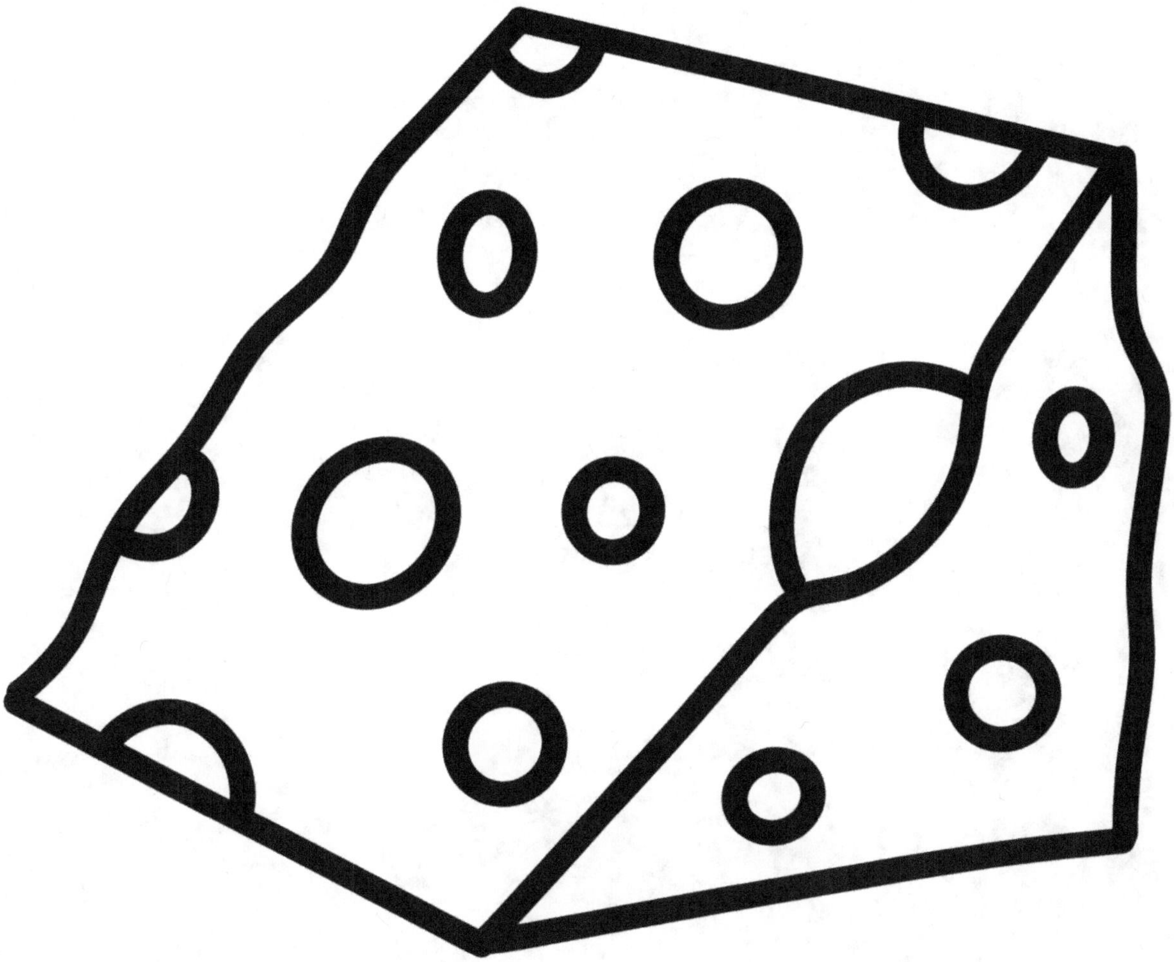

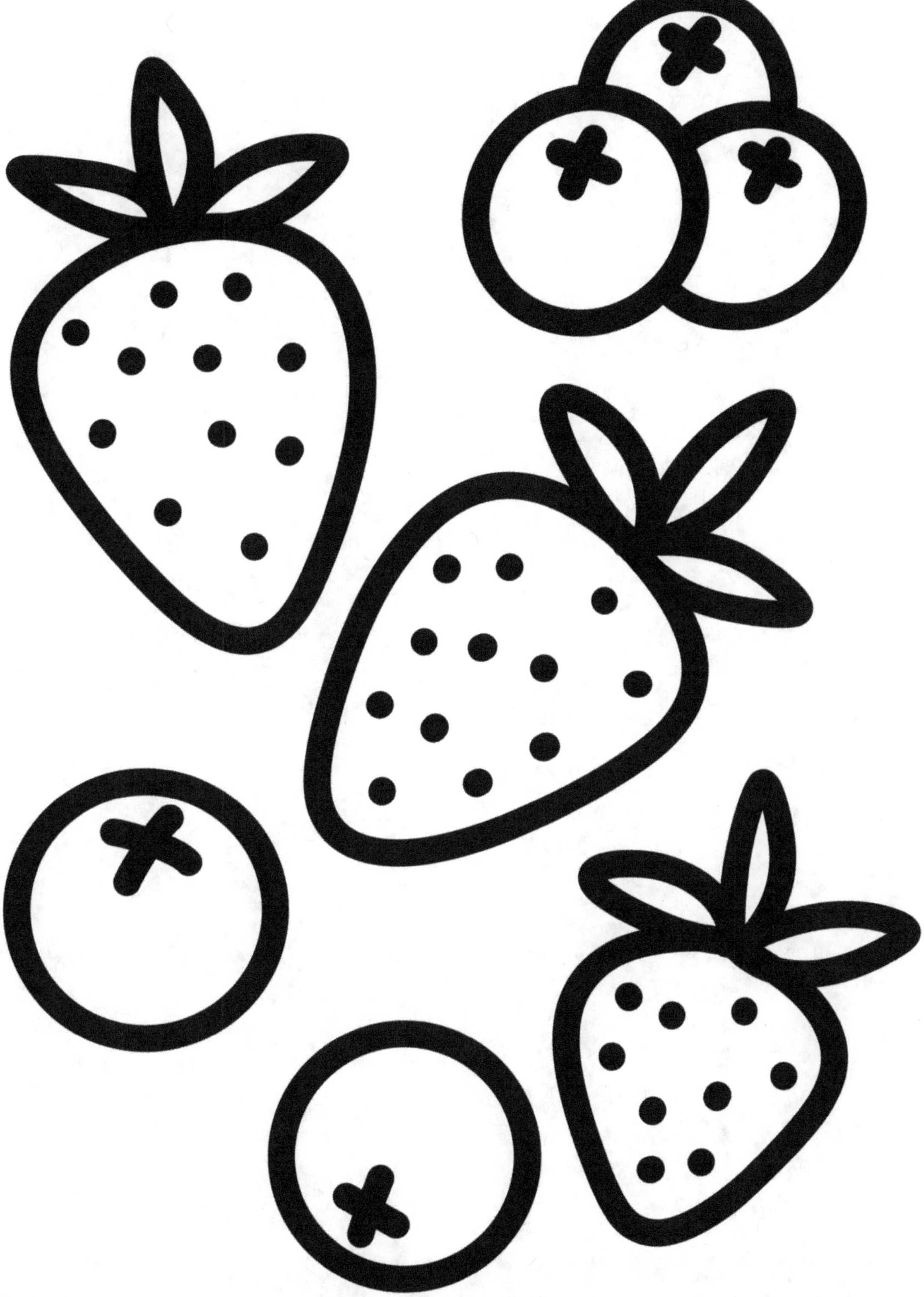

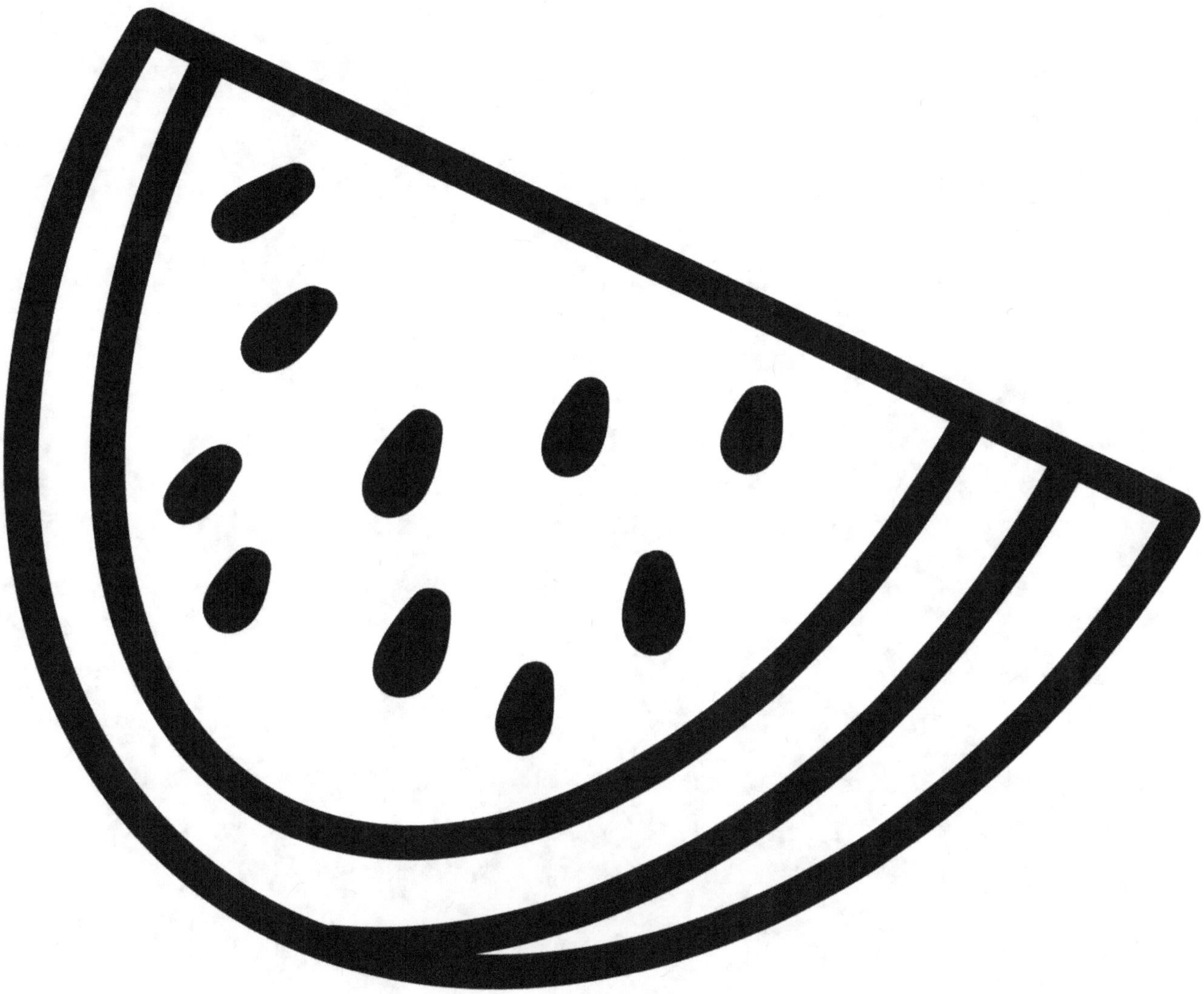

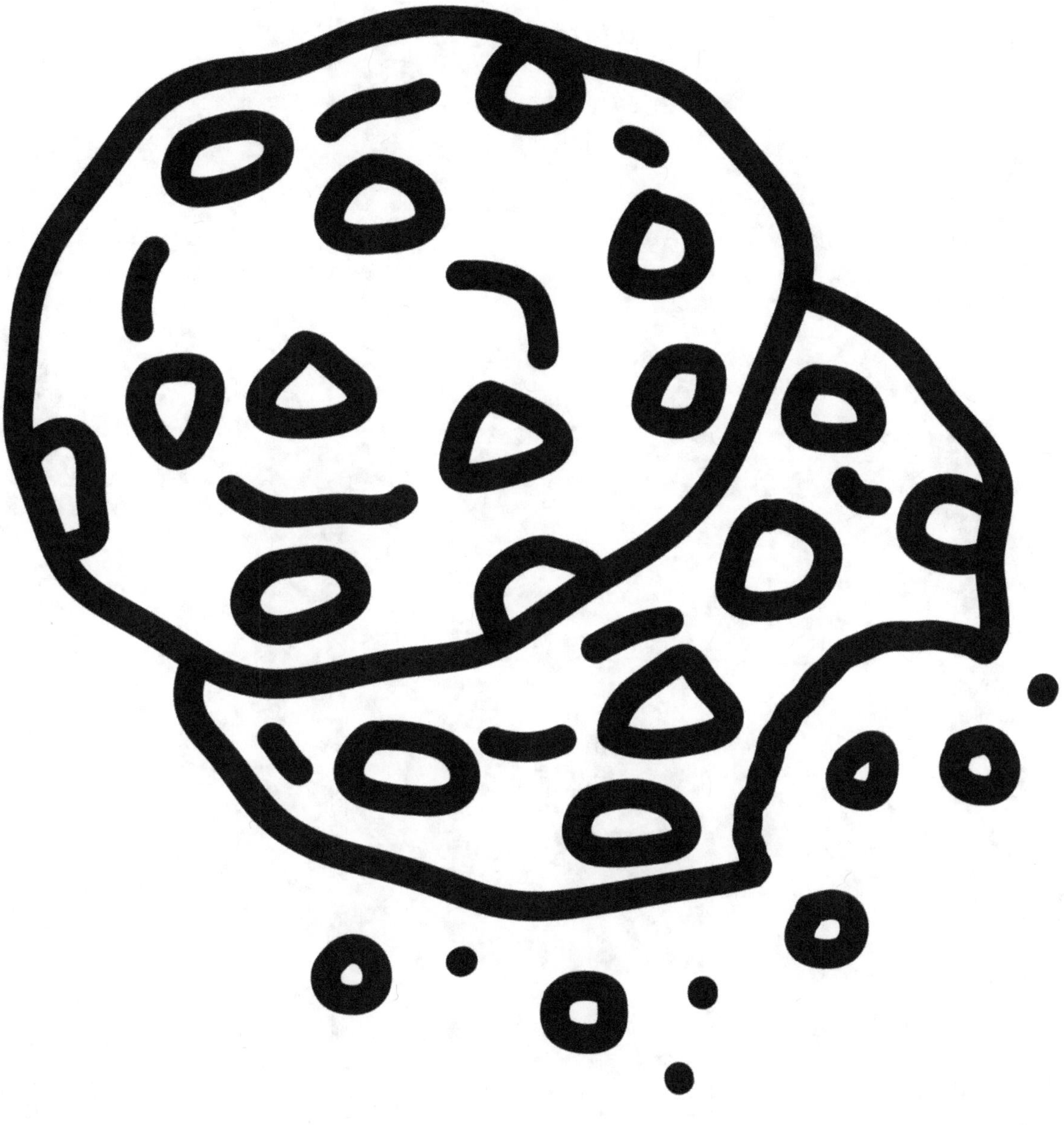

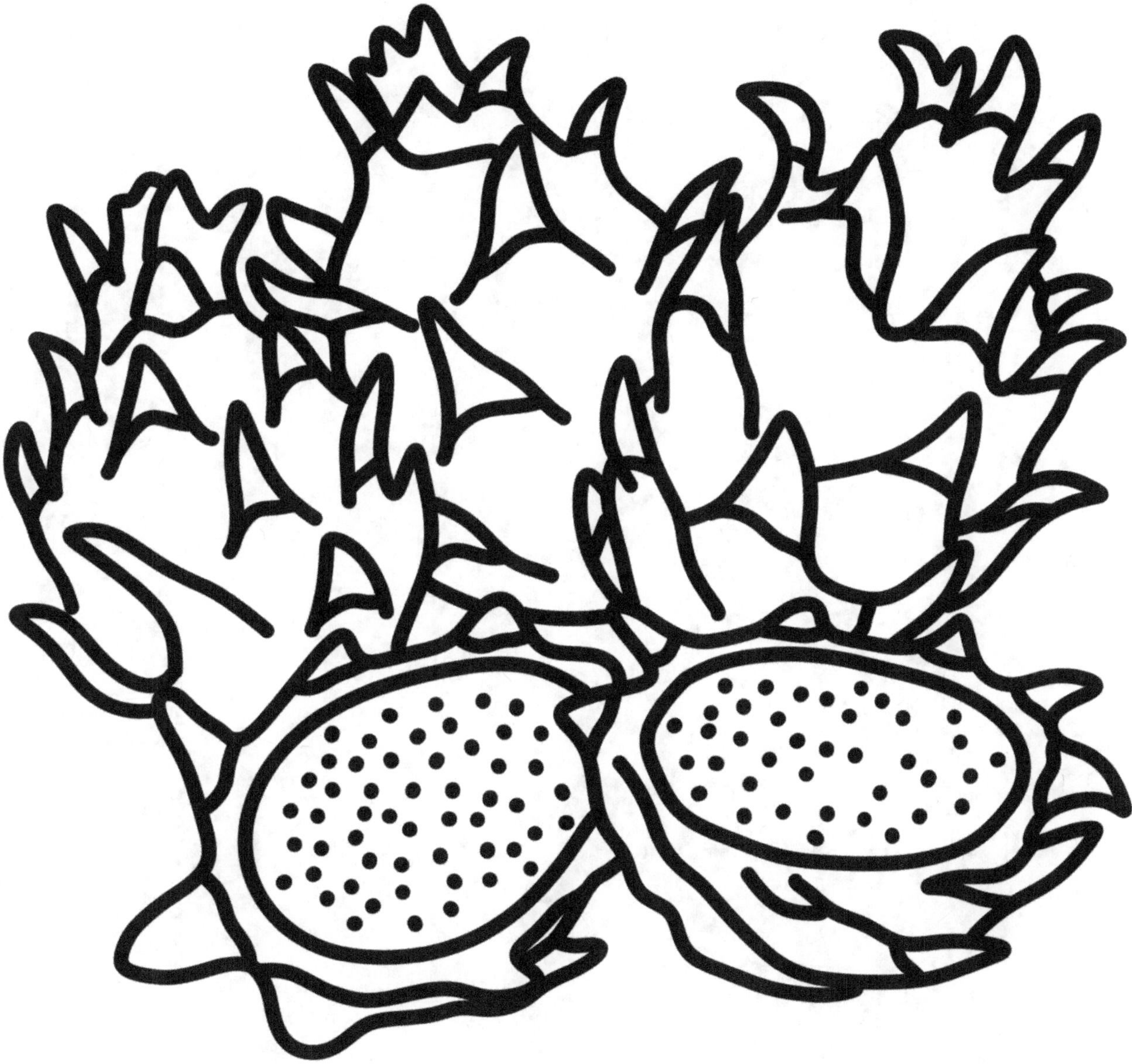

www.ingramcontent.com/pod-product-compliance
Lightning Source LLC
Chambersburg PA
CBHW080423290526
45791CB00008BA/2388
* 9 7 9 8 9 9 0 1 1 8 8 0 5 *